RECONSTRUCCIÓN

Matrimonial

Cuando las victorias y los errores enseñan

RESTORATION OF THE BREACH
WITHOUT BORDERS

Charlestown Nevis, W.I

ISBN: 978-1-954755-04-8

Publicado por:
Restauración de la Brecha sin Fronteras
Lou-Mot Drive Colquhoun Estate,
Charlestown, Nevis W.I.
restorativeauthor@gmail.com
Tele: (1869) 669-4386

Diseño de portada de libro electrónico por: CalbertSimson
divine.creativevillage@gmail.com

Formateo y publicación realizado por Sherene Morrison
Publisher.20@aol.com

Correo electrónico de Juan Pablo Lynch -
juanpablo_20@hotmail.com
Correo electrónico de MelishaBartley-Ankle:
melbarxtd@yahoo.com
A menos que se indique lo contrario, los versículos de las
Escrituras se citan de la Nueva Versión King James de la
Biblia.

DEDICACIÓN

Este libro está dedicado a todas las personas que desean casarse, las personas casadas y las divorciadas que desean volver a casarse algún día.

AGRADECIMIENTOS

Al Espíritu Santo, mi principal ayudante en el destino. Gracias por confiarme esta tarea. Estoy bendecido con la familia que tengo. Sherene, mi esposa; su apoyo ha aumentado a medida que aumentan las asignaciones del Señor.

Gracias y agradecimiento a David y JulietGrant por su apoyo. Al ser consejeros matrimoniales, conocende primera mano la crisis y la alegría que viven muchos matrimonios. Su apoyo y orientación continuos están más allá de cualquier cálculo.

MelishaBartley-Ankle, has venido a mi vida para un momento como este. Agradecemos sus amables palabras de respaldo al examinar el manuscrito frente a su propio matrimonio y ver la riqueza de sus escritos. Te lo agradezco sin tregua.

A todas las personas que voluntariamente compartieron sus historias con el fin de ayudar aalguien, que sus recompensas sean perpetuamente recibidas del Cielo. Oro para que continúen estando disponibles para el Reino de Dios.

Yo personalmente agradezco a Min. Donna Morris por escribir el prólogo de este Manual de reconstrucción matrimonial. Usted y la familia de la Iglesia Beulah de TheUnitedMission me han brindado sin reservas su apoyo desde mis primeros años de visita a su iglesia. Espero continuar la asociación.

ENDOSOS

En esta época de pandemia mundial, es reconfortante saber que alguien se ha tomado el tiempo de escribir un manual que puede ayudar a nuestros matrimonios. Viviendo en estos tiempos sin precedentes en los que las parejas ahora se ven obligadas a quedarse juntas en casa, muchos matrimonios han tenido un impacto negativo. La reconstrucción matrimonial es una herramienta necesaria en nuestro Arsenal, en nuestra lucha contra el divorcio.

Leostone ha elaborado artísticamente este manual tanto por estudio como por experiencia personal.

Este manual está diseñado con la intención de ayudar a los matrimonios a atravesar períodos difíciles. Nuestros matrimonios pueden mejorar solo si estamos dispuestos a trabajar en ello.

Este manual ofrece una guía para refrescar y revitalizar esa chispa que puede haberse perdido a través de años de negligencia.

-David y JulietGrant
Fundadores de Odigia Global
Pastores principales del Centro Evangelístico de Jamaica

* * * * * * *

Si bien el matrimonio es el diseño de Dios, su santidad está siendo bombardeada constantemente por miles de desafíos en la vida. Sin embargo, el Reverendo Leostone Morrison, ha escrito una guía práctica de lectura obligada que enseñará a losparejascómo navegar en las relaciones a larga distancia, enfrentar problemas como pareja, estimarse y comunicarse de manera amorosa. Reconstrucción matrimonial definitivamente tiene muchas HERRAMIENTAS que transformarán positivamente las relaciones y permitirán a las parejas vivir una vida plena y feliz.

-MelishaBartley-Tobillo
Autor
En su presencia 30 días de declaración, oración y reflexión

* * * * * * *

Como se ve en el libro de Génesis, el matrimonio es ordenado y honrado por Dios desde la fundación del mundo. Leí un artículo que dice "Los matrimonios se hacen en el cielo y deben mantenerse en la tierra". El reverendo Leostone Morrison, ministro de religión, consejero y maestro es el autor de cuatro (4) libros, Renovación de la mente: secretos bíblicos para ser mejor y los volúmenes devocionales de transformación 1-3, y ahora Reconstrucción del matrimonio. Las experiencias de vida del reverendo Morrison y el conocimiento adquirido a través de la experiencia en consejería le han dado la urgencia de ver matrimonios felices y saludables, de ahí la compilación de este libro.

Con enseñanzas de la palabra de Dios, experiencias prácticas de la vida real compartidas y asignaciones para la reflexión en un formato devocional, este libro es un manual poderoso y útil para cualquier persona que necesite conocimientos sobre el tema del matrimonio.

-Elizabeth Salmon (Evangelista)
Ministerio de Becas de Mujeres (Presidenta)
Iglesia de Dios del Consejo de Jamaica (séptimo día)

PREFACIO

Dios estableció el matrimonio en un ambiente perfecto. De hecho, el matrimonio vino antes del pecado, es idea de Dios.

Dios creó la primera familia y les dio sus bendiciones, su comisión y su imagen.

Génesis 1: 27-28

"Y creó Dios al hombre a su imagen, a imagen de Dios lo creó; varón y hembra creó él. Y Dios los bendijo, y Dios les dijo: Sean fecundos, multiplíquense, llenen la tierra y sojuzguen. ella: y se enseñoreará de los peces del mar, y de las aves del cielo, y de todo ser viviente que se mueve sobre la tierra ".

LA RECONSTRUCCIÓN DEL MATRIMONIO es el corazón del Padre que ministra profundamente a los matrimonios. El reverendo Leostone Morrison se ha asociado con el Espíritu Santo para escribir estelibro debido a un intenso deseo de ayudar a muchas parejas.

Una vez que lees su libro MindRenewal, sabes que él enseña los principios de Dios con una energía incontenible que despierta una respuesta en el alma.

Rev Morrison señala a lo largo de este manual que hay herramientas disponibles para la RECONSTRUCCIÓN DE NUESTRO MATRIMONIO.

Sí, la alegría del matrimonio no se ha considerado más allá de nuestro alcance... La modificación de la comunicación es una herramienta importante en esta reconstrucción.

Encuentro que este libro es muy interesante, porque está desarrollado a partir de circunstancias de la vida real y de personas reales que enfrentan problemas en su matrimonio.

Para mí está claro que el matrimonio requiere un trabajo diario, es una sociedad y hay diferentes temporadas en nuestra relación matrimonial.

El reverendo Morrison lo ha hecho bien al recibir esta revelación al enfocarse en el foco bíblico sobre la absoluta necesidad en la reconstrucción de nuestro matrimonio. Las cosas deben cambiar o mejorar seriamente en nuestra relación matrimonial.

En las páginas de este libro estamos inundados de formas bíblicas y prácticas de volver al camino correcto.

La reconstrucción del matrimonio es un libro bienvenido y muy necesario para un momento como este...

Ruego a Dios que bendiga su verdad en su corazón.

Está claro en el establecimiento del matrimonio que Dios quería que la institución estuviera soberanamente bajo Su control y existiera para Su propósito.

Por lo tanto, recomiendo este libro como lectura obligada para todos en busca del matrimonio del reino.

-Min. Donna Morris
Iglesia de Misiones Unidas (Beulah)
Máster Matrimonial Mentor
Y entrenador de relaciones
TIMFA (Instituto de Asuntos Matrimoniales y Familiares)
Estados Unidos

INTRODUCCIÓN

Si los matrimonios no tuvieran problemas, la necesidad de este libro de trabajo sería obsoleta. Este manual de 30 días no presume de estar equipado con un paquete completo de herramientas de reconstrucción matrimonial. Sin embargo, está integrado con una gran cantidad de posibles soluciones. En 1 Corintios 7:28, Pablo advierte que habrá problemas en los matrimonios y seguramente los habrá. Para navegar eficazmente a través de estos desafíos y cosechar los éxitos deseados, la prioridad debe ser la honestidad y la voluntad de ajustar nuestra forma de pensar junto con ejecuciones adecuadas.

Ningún matrimonio que haya fracasado fracasará, o ha tenido éxito o tendrá éxito, lo hizo gracias a los incansables esfuerzos de sólo "uno". A ambos socios se les confía al entrar en una unión matrimonial el acceso a depositar y retirarse de esa unión. El retiro perpetuo sin depósitos consistentes equivalentes eventualmente agotará los recursos de la cuenta de unión conjunta de cualquier matrimonio.

Hoy en día, muchas uniones se han recuperado del sobregiro matrimonial y están disfrutando de su renovado estado civil saludable. Permítame apresurarme a advertir su apreciación de esta verdad. La celebración del éxito de un hombre sin perseguir su victoria es una burla de sí mismo. ¿Está dispuesto a someterse a una reconstrucción matrimonial? Si su respuesta es sí, entonces este libro es para usted. Su viaje de reconstrucción y recuperación espera su entrada.

La alegría del matrimonio no se ha considerado fuera de su alcance. Es alcanzable y eres elegido para usarlo felizmente. Su éxito está en la finalización de este viaje de reconstrucción. No puedo asegurarles que será un paseo por el parque, pero puedo prometerles enfáticamente que la alegría y la paz que se obtendrán superan el dolor de su presente.

COMO USAR ESTE LIBRO

Este libro está repleto de relatos de personas casadas, divorciadas o divorciadas y vueltas a casar. Han compartido sus fracasos y victorias.

Estas son las HERRAMIENTAS de las que ahora puede beneficiarse. Cada día está equipado con una página de diario para documentar sus respuestas a las asignaciones y llevarlas a cabo.

Para obtener los máximos resultados, sea lo más honesto posible. No tenganmiedo de atacar a los más desafiantes.

Tabla de contenido

Herramientas bíblicas para matrimonios

Génesis 2:24

"Por tanto, dejará el hombre a su padre ya su madre, y se unirá a su mujer, y serán una sola carne".

San Marcos 10: 9

"Por tanto, lo que Dios juntó, no lo separe el hombre".

Efesios 5: 25-33

"Esposos, amen a sus esposas, así como Cristo amó a la iglesia y se entregó a sí mismo por ella.

Efesios 5:28

"Así deben los hombres amar a sus esposas como a sus propios cuerpos. El que ama a su mujer, se ama a sí mismo.

1 Corintios 7: 2-5

"No obstante, a causa de la inmoralidad sexual, cada uno tenga su propia mujer, y cada una tenga su propio marido. 3 Que el marido pague a su mujer el cariño que le corresponde, y también la mujer a su marido. 4 La esposa no tiene autoridad sobre su propio cuerpo, pero el esposo sí. Asimismo, el marido no tiene autoridad sobre su propio cuerpo, pero la esposa sí. 5 No se prive unos a otros si no es con consentimiento por un tiempo para dedicarse al ayuno y a la oración; y reúnanse de nuevo para que Satanás no los tiente a causa de su falta de dominio propio.

HERRAMIENTA # 1
El consejo de Sasha

Sasha vivía en el Reino Unido y tenía una relación bastante decente con Marcus. De repente, las circunstancias hicieron que se separaran. "... la distancia abrió una brecha entre nosotros y poco a poco nos separamos y nos desenamoramos... las cosas se fueron cuesta abajo a partir de ahí" señaló Sasha. Además, es posible que no se conocieran lo suficientemente bien. Sin embargo, se casaron hace poco más de un año de conocerse. Esto, Sasha cree que "... no fue un marco de tiempo realista para la preparación para el matrimonio".

Conózcanse completamente antes del matrimonio.

Ella siente que "... las cosas... sucedieron demasiado rápido y por eso nos movimos con la corriente...

todo porque se sintió bien". Sasha y Marcus tienen un hijo junto y, aunque ahora están divorciados, mantienen una relación civil.

El consejo de Sasha...

Hubo tres factores muy importantes que no se tomaron en consideración antes de mi matrimonio en 2003. Ninguno de los dos éramos cristianos, no se hizo ningún asesoramiento prematrimonial y no se dedicó suficiente tiempo al cortejo.

Los anteriores son tres factores críticos que DEBEN ser considerados al planear casarse. Asegúrese de que su pareja sea un verdadero hombre o mujer de Dios y que esa persona se convierta en su mejor amigo. El cortejo también es de suma importancia. Brinda la oportunidad de echar un vistazo a la vida de los demás para probar los niveles de compatibilidad antes de tomar lo que desearía que fuera una decisión para toda la vida.

El asesoramiento prematrimonial ayuda a ambas personascomprenderse mejor, a establecer expectativas realistas y a tratar de encontrar puntos en común para resolver problemas que probablemente no sabían que existían.

Ambaspersonasdeben:

1. Tener una relación personal con Dios.
2. Permitirque Dios sea el centro de su vida.
3. Confíaren Él de todo corazón.
4. Teneruna vida de oración significativa y constante y lleve cada situación a Dios, buena y mala.

Una relación sin Dios es como un lápiz sin mina... ¡inútil!

1. Sus herramientas para llevar para las implementaciones.

a) Dediquentiempo a conocerse.

b) Hagan consejería prematrimonial antes de casarse.

c) Hagan de Dios el fundamento de su relación / matrimonio.

2. Tareas.

a) Si todavía están pensando en decir que sí, consideren con espíritu de oración el consejo de Sasha.

b) Si ya están casados, no es demasiado tarde para salir y recibir asesoramiento posmarital.

c) Ya sea comprometido o casado, pasen tiempo orando y aprendiendo el uno del otro.

Página del diario

Herramienta # 2
Asesoramiento

Neville conoció a su segunda esposa después de un matrimonio fallido. Inmediatamente supo que no le interesaba tener novia sino esposa. Tomaron la decisión de salir por un tiempo y luego casarse. Siendo cristianos la iglesia recomendó la consejería prematrimonial. Esto fue organizado con un consejero recomendado por la iglesia que proporcionó a la pareja una sesión y dio su aprobación para que se casaran. Neville estaba "... totalmente asombrado". Como consejero vocacional, se sintió decepcionado por la insensibilidad atribuida a "hasta que la muerte nos separe". Sabía que estaban enamorados pero necesitaban asesoramiento.

> *No seas insensible al "hasta que la muerte nos separe".*

Por lo tanto, expresó su decepción a su prometida y seacordaron que el propio Neville haría su asesoramiento prematrimonial. Sabían que esto no esfue aconsejable, pero necesitan hacer algo. Tuvieron varias sesiones que incluyeron la liberación de heridas pasadas y el perdón de sí mismos y de los demás. Después de un tiempo, se casaron y todo fue genial. Luego, se comprendió la necesidad de asesoramiento posmatrimonial. Porque dos personas de diferente educación ahora comparten el mismo espacio: ¡los problemas eran inevitables! Por lo tanto, consultaron a un amigo, un consejero matrimonial; sin embargo, esta vez la esposa de Neville decidió que quería que Neville hiciera su consejería postmatrimonial. Una vez más, fue un desafío, especialmente porque los defectos de Neville fueron el detonante de los problemas más importantes. Dijo que tenía que navegar hábilmente entre ser el consejero y el cliente en la misma sesión. Hoy, llevan ocho años de matrimonio y tienen cinco hijos. Curiosamente, Neville no propone que intente hacer su propio asesoramiento, sino que obtenga ayuda profesional.

1. Sus herramientas para llevar para las implementaciones.

   a) Asegúrese de que usted y su pareja reciban la cantidad necesaria de sesiones de asesoramiento prematrimonial para que todo se debata antes del matrimonio.

   b) Nunca intente hacer su propia consejería prematrimonial.

c) Si un consejero no da las sesiones requeridas, busque otro que lo guíe a través de todas las sesiones necesarias.

2. Tareas.

a) Deje de rehuir la consejería. Necesita ayuda para superar los desafíos.

b) Ponga su orgullo detrás del amor por tu pareja. Consigue ayuda ahora.

Página del diario

Herramienta # 3
Problema prometido

El gran apóstol Pablo, bajo instrucciones divinas, escribió las siguientes palabras en 1 Corintios 7: 28b: "Pero los que se casen enfrentarán muchos problemas en esta vida, y quiero evitarles esto". Esto no suena atractivo. ¿Por qué entrar en la arena del matrimonio si está decorado con problemas prometidos? Mientras que en Génesis, Adán era soltero y Dios dijo que no era bueno para él estar solo. Entonces, Dios resolvió este problema al realizar el primer matrimonio entre Adán y Eva. Su matrimonio tuvo problemas. Por lo tanto, podemos deducir que, ya sea casado o soltero, habrá problemas en su vida. Sin embargo, la persona casada está en una mejor posición ya que hay una ventaja en el consejo. Este es un beneficio de la riqueza del matrimonio que no se está utilizando con eficacia. En lugar de abordar los problemas a partir de un esfuerzo matrimonial unido, cada parte está interiorizando y resolviendo sus propias situaciones. Esta es una receta destructiva seria. A medida que avanza en los rigurosos terrenos de la reconstrucción del matrimonio, aprecie el hecho de que no tiene que enfrentar los problemas prometidos solo.

Tiene la suerte de contar con un socio que está equipado con las herramientas necesarias para complementar sus esfuerzos. Juntos, sus victorias se hacen más fáciles. Cuando los problemas surjan como se prometieron, que haya una colisión intencional con la unificación matrimonial. ¡Juntos están de pie, divididos, divorciados!

¡Juntos están de pie, divididos, divorciados!

---

1. Sus herramientas para llevar para las implementaciones.

a) Trabajen juntos para tratar de resolver los problemas cuando surjan en lugar de tratar de resolverlos por su cuenta.

b) Nunca busque primero el consejo de familiares o amigos cuando surjan problemas en su matrimonio, en su lugar, hable con su pareja y ambos intenten resolver las cosas por su cuenta.

c) Nunca juegue con el juego de la culpa, comete el error cuando sabes que estás equivocado.

d) Recuerde, su matrimonio es entre usted y su cónyuge; fracasa si va en contra de su pareja.

2. Tareas.

a) Revise un problema que no fue abordado como una fuerza unida. Identifique sus errores y cómo ambos podrían haberlos manejado de manera diferente.

b) Implementar esta unidad en cada problema que se presente en el matrimonio.

Página del diario

_____

_____

_____

_____

_____

_____

_____

_____

_____

_____

_____

_____

_____

_____

HERRAMIENTA # 4
Modificación de comunicación

Lectura bíblica: Colosenses 4: 6

La buena comunicación es imprescindible para el éxito de cualquier relación. Muchos matrimonios sufren inmensamente por una comunicación deficiente o malsana. Si el mensaje deseado no se transmite correctamente, esto puede provocar malentendidos y problemas importantes. La mala comunicación es tan perjudicial como la falta de comunicación. Para lograr una buena comunicación marital, las parejas deberán ser intencionales en esta búsqueda. Tuve una conversación con un amigo. Ella dijo que su esposo le dijo que a veces evita hablar con ella por cómo ella le habla a él. Esto fue un gran impacto para ella.

La buena comunicación es imprescindible
para el éxito de cualquier relación.

Se estaba comunicando con su marido desde un lugar que detestaba. La Biblia nos exhorta en Colosenses 4: 6 a: "Sea siempre tu palabra con gracia, sazonada con sal, para que sepas cómo debes responder a cada uno".

¿Cómo es la comunicación dentro de su matrimonio? ¿Alguna vez se ha detenido a preguntar si su cónyuge aprecia la manera en que le habla?

1. Sus herramientas para llevar para las implementaciones.

    a) Habla con tu pareja de la manera en que quieres que te hable.

    b) La comunicación es vital para cualquier relación. Asegúrese de que la comunicación con su pareja sea clave.

2. Tareas.

a) Durante las próximas 24 horas, recuerde su forma de comunicarse con su pastor, jefe o alguien a quien respete.

b) Habla con tu cónyuge de la misma manera durante los próximos 7 días.

c) Discuta con su cónyuge las diferencias.

d) Hacer de esta la nueva norma de comunicación.

Página del diario

HERRAMIENTA # 5
Cubrirse unos a otros

En el relato de Génesis 9, Noé estaba ebrio y desnudo en su tienda. Uno de sus hijos, Cam, vio su desnudez y se lo contó a sus hermanos. Al escuchar, ambos entraron de espaldas a la tienda y cubrieron a su padre borracho y dormido. Después de enterarse de lo que hizo Cam, Noé maldijo a Canaán, el hijo de Cam. Desafortunadamente, el error revelador de Ham está vivo hoy y está causando estragos en innumerables matrimonios, tal vez a través de los platos sucios, las malas actuaciones sexuales o la mala gestión financiera, por nombrar algunos. Recientemente, un hermoso matrimonio se rompió en los hilos porque una de las partes hizo públicas las deficiencias de la otra. El hecho de la unidad entre marido y mujer crea una realidad que no debe ser ignorada, que es la exposición de uno es la revelación de la unión.

> *La exposición de uno es la revelación de la unión.*

El enfoque preferido debería imitar a los otros dos hijos de Noah. Su preocupación no era la recopilación de información o la acumulación de municiones, sino más bien cubrir la desnudez de su padre. La Biblia nos dice en 1 Pedro 4: 8 que el amor cubre una multitud de pecados. Ámete tanto a si mismo que una de sus principales metas maritales es cubrir constantemente las debilidades, los errores o las deficiencias de cada uno de los oídos de la familia, los amigos y los vecinos. Evite el popular púlpito de las redes sociales de compartir los errores de los demás.

1. Sus herramientas para llevar para las implementaciones.

    a) En lugar de trabajar en contra de su pareja y descubrir sus defectos, ayúdelo a solucionar esos defectos. Ayude a construir y fortalecer las áreas débiles de su pareja en el matrimonio, en lugar de transmitirlo a amigos y familiares.

2. Tareas.

a) Arrepiéntete de haber expuesto las debilidades de tu pareja.

b) Examínese y averigüe por qué sintió la necesidad de descubrir a su pareja.

c) ¿Cómo podrías haber enfrentado la situación de manera diferente en el amor?

d) Practiquen cubriéndose unos a otros.

Página del diario

_____

_____

_____

_____

_____

_____

_____

_____

_____

_____

_____

_____

_____

_____

HERRAMIENTA # 6
Culpar

En 2020, entrevisté a un amigo que llevaba unos días de divorciarse. Cuando le pregunté cómo contribuyó a la desaparición del matrimonio, dio varios factores, pero uno que resonó conmigo fue, CULPA. En el libro de Génesis capítulo 3, vemos que Adán y Eva violaron las instrucciones que Dios les dio, y ambos se escondieron cuando Dios apareció. Su escondite se hizo necesario porque habían comido del árbol prohibido.

No se apresure a echar la culpa, observe también sus defectos.

Dios cuestionó al esposo sobre sus acciones y culpó a Dios y a Eva. Dijo que la mujer que me diste hizo que te desobedeciera. Adán básicamente le dijo a Dios que era su culpa. Luego, cuando Dios cuestionó a Eva y ella culpó a la serpiente (que

Dios hizo). Este fue el primer matrimonio instituido y el primer dilema matrimonial se abordó desde la posición de la defensa de la culpa. Ni Adán ni Eva asumió la responsabilidad. Ambos eran culpables, pero profesaban su inocencia al alejar la responsabilidad de sí mismos. Los dos en el matrimonio y el intruso fueron todos castigados por Dios.

Es imperativo que los matrimonios se abstengan de conversar durante una crisis con la intención de ganar una discusión utilizando el arma de la culpa. El sindicato puede comunicarse desde un enfoque orientado a la solución o una plataforma de búsqueda de culpas. Tus decisiones determinarán la derrota o el éxito matrimonial. Haz el cambio y salva tu matrimonio.

1. Sus herramientas para llevar para las implementaciones.

a) Nuncaeches la culpa.

2. Tareas.

a) El último desacuerdo, ¿lo comunicó desde un enfoque de solución o plataforma de culpabilidad?

b) Procese mentalmente cómo se comunicará sin culpar.

c) Ponga en práctica en tu vida diaria el enfoque de solución.

Página del diario

_____

_____

_____

_____

_____

_____

_____

_____

_____

_____

_____

_____

_____

HERRAMIENTA # 7
Ataca a tu enemigo

Escritura: Efesios 6: 10-12

Según el Irish Times de10 de enero de 2005, "los comandantes estadounidenses ordenaron una investigación ayer después de que admitieron haber bombardeado por error una casa civil en la ciudad de Mosul, en el norte de Irak, matando al menos a cinco personas". El objetivo previsto se perdió porque los misiles guiados se programaron incorrectamente. Un ataque equivocado es peor que ningún ataque. No identificar y atacar adecuadamente al enemigo real puede resultar en el desperdicio de recursos y la incapacidad de poner fin de manera efectiva al ataque del enemigo. Ésta es la lamentable realidad de muchos matrimonios. Los ataques continúan siendo erróneos y, en lugar de que el enemigo sea el objetivo, el cónyuge se convierte en el objetivo de los ataques. El apóstol Pablo nos dice en Efesios 6:12, KJV: "Porque no luchamos contra sangre y carne, sino contra principados, contra potestades, contra los gobernantes de las tinieblas de este mundo, contra la maldad espiritual en las alturas".

La victoria no reside en atacar a la carne y la sangre (humanos) sino a los espíritus que operan más allá del individuo. No ver y atacar al enemigo real resultará en una derrota segura. Mientras reconstruye su matrimonio, proponga dejar de ver a su pareja como su archienemigo. La Biblia nos dice que cuando un hombre y una mujer se unen, se vuelven una sola carne. Por lo tanto, una pelea contra tu pareja es una pelea contra ti mismo: la derrota está garantizada.

Mientras reconstruye su matrimonio, proponga dejar de ver a su pareja como su archienemigo.

---

1. Sus herramientas para llevar para las implementaciones.

    a) Comprende que tu pareja no es tu enemiga.

    b) Si luchas contra tu pareja, entiende que es Lucha contra ti mismo y tu matrimonio.

    c) Identifique al enemigo real que está enfurecido contra su matrimonio, no es su pareja.

2. Tareas.

    a) Identificar y discutir al enemigo real.

    b) Elabore estrategias con su aliado (socio) para sus planes de ataque.

    c) Ejecutar y celebrar juntos.

Página del diario

_____

_____

_____

_____

_____

_____

_____

_____

_____

_____

_____

_____

_____

HERRAMIENTA # 8
Estimarsemutuamente

En el libro de Filipenses se nos exhorta a estimarnos unos a otros más que a nosotros mismos. Dice: "No se haga nada por ambición egoísta o engreimiento, antes bien, con humildad de mente, que cada uno considere a los demás mejor que a sí mismo". (Filipenses 2: 4). Una joven pareja aprendió este principio y decidió implementarlo en su jornada diaria.

Estimarse unos a otros más que a sí mismos.

Para lograr esto, cada persona estimó las necesidades del otro por encima de las propias. Un área de importancia fue la opinión de los demás. Ambos reconocieron el valor de apreciar la opinión del otro. Esto fomentó el crecimiento de la auto-divulgación sin temor a ser menospreciados, ridiculizados o silenciados. Esto resultó en un impulso muy necesario en la confianza en uno mismo. La transición de hacer que su opinión sea la más poderosa a ocupar el segundo lugar puede que no sea fácil, pero vale la pena. Ambos reconocieron que valorar la opinión de su cónyuge por encima de la suya contribuía al continuo amor mutuo. Otra área de importancia fue la intimidad sexual. Ninguno deseaba llegar al clímax antes que el otro. Si la eyaculación se producía antes que el otro, el madrugador se aseguraba de que el otro cruzara la línea de meta. El objetivo principal, además de conectarse entre sí, era la satisfacción del cónyuge. El esposo dice que esto es tan importante para él, que durante las relaciones sexuales, a veces ora, pidiendo ayuda a Dios para no llegar al clímax ante su esposa.

1. Sus herramientas para llevar para las implementaciones.

a) Felicite a su cónyuge.

b) Estime a su cónyuge más que a si mismo.

2. Tareas.

a) Identifique cinco áreas en las que no ha estimado a su cónyuge por encima de usted.

b) Pregúntele a su cónyuge si hay una área en la que podría mejorar la reestimación

c) Empiece a hacer de estos cambios su nueva realidad. Puede hacerlo.

Página del diario

_____

_____

_____

_____

_____

_____

_____

_____

_____

_____

_____

_____

_____

_____

Herramienta # 9
Derechos entregados

Una deficiencia importante que afecta a muchos matrimonios es la mente independiente. Esto afectó a Mavis, quien comenzó a tener a sus hijos a una edad muy tierna luego de haber sido descuidada por sus padres. Tuvo que trabajar duro para mantenerse a sí misma y a sus hijos, lo que provocó que su sistema nervioso se viera afectado. Ella oró pidiendo un esposo a Dios y le dijeron: "Cuando los niños crezcan". Después de muchos años, y los niños ya eran mayores, los hombres comenzaron a acercarse. Su mente independiente rechazó la idea de someterse a otro y no fue bienvenida. El matrimonio requiere que entregues su mente independiente para abrazar la mente del "nosotros". Después de años de tomar sus propias decisiones sin consultar a nadie, ese pensamiento le daba miedo.

El matrimonio requiere que entregue su mente (independiente para abrazar la mente del "nosotros".

Según 1 Corintios 7: 4, en el matrimonio tu cuerpo es propiedad de tu pareja. Dado que no tiene autoridad sobre su propio cuerpo, significa que su cónyuge tiene la última palabra. Ésta es una cruda verdad. Esto significa que muchos matrimonios han estado funcionando ilegalmente. Algunos cónyuges dicen que no al sexo porque hay un desacuerdo. Eso no está constituido bíblicamente. ¿Debería uno dictar la funcionalidad de aquello sobre lo que no tiene autoridad? Una esposa dijo que entendió esta verdad cuando se enteró de que su esposo estaba teniendo una aventura, no peleó con él, oró: "Señor, tu palabra dice, su cuerpo es mío y mío es de él. Por tanto, le ordeno a mi cuerpo que no responda a ningún otro cuerpo que no sea este cuerpo en el nombre de Jesús". El marido confesó más tarde que salió y no pudo conseguir una erección.

1. Sus herramientas para llevar para las implementaciones.

   a) Si está operando desde una mente independiente en su matrimonio, entonces es hora de arrepentirse y comenzar a mirar desde una mente de "nosotros".

   b) Su cuerpo pertenece a Su pareja, no es suyo hacer lo que se plazca sin el consentimiento de su pareja.

2. Tareas.

   a) Saque la independencia desde dentro de su matrimonio. No son dos sino uno.

   b) Vivan la verdad, se pertenecen el uno al otro.

Página del diario

_____

_____

_____

_____

_____

_____

_____

_____

_____

_____

_____

_____

_____

Herramienta # 10
Poder de la apreciación

Nicholas sobrevivió a un matrimonio horrible que duró siete años. Durante la mayor parte de esos años fue el único proveedor financiero y creía que lo apreciarían. Pero lo que recibió fueron mentiras, infidelidades y un divorcio. Se volvió a casar durante casi ocho años. Ha estado expuesto a una apreciación que nunca soñó que existiera. Nicolás se trasladó de un lugar donde todos sus esfuerzos estaban ahogados por lo que le faltaba, para "agradecer" después de una sesión de coito. Dijo que es más que acogedor. Aprecia ser apreciado. El aprecio lo ha llevado a desear siempre hacer más por su esposa. Su aprecio sirve como llave maestra, plataforma de lanzamiento de motivación y fuente de aliento.

*La apreciación puede hacer que uno siempre
desee hacer más por su cónyuge.*

Nicolás dice, su esposa no se detiene en agradecimiento, ella dice, "gracias, mi amor".

Él cree que esta asombrosa cualidad se desarrolló a partir de sus primeros años de crianza. La familia era pobre. Hubo momentos en los que no cenaron durante tres días. La ropa nueva era rara. Llevaban ropa de segunda mano. La falta de tener lo que otros tenían en abundancia, desarrolló un alto nivel de gratitud sincera. Nicholas está agradecido de que su esposa se asegure de que los niños desarrollen el don del aprecio.

1. Sus herramientas para llevar para las implementaciones.

   a) Tener aprecio por su pareja y demostrarle ese aprecio ayudará a construir una mejor unión.

b) Asegúrese siempre de decir "gracias" cuando su pareja haga algo por usted.

2. Tareas.

a) Recuerde siete veces que su agradecimiento estaba justificado pero no lo hizo.

b) Haga una conversación y dé el aprecio necesario. Quizás tarde, pero aún valioso.

c) Desarrollar esta actitud de apreciación en todos los ámbitos, no solo cuando es bueno, sino también por el esfuerzo.

Página del diario

_____

_____

_____

_____

_____

_____

_____

_____

_____

_____

_____

_____

Herramienta # 11
Cambios

En cualquier relación, desde el comienzo de la relación hasta el día del matrimonio y más allá, los cambios serán inevitables. Hay cambios menores y mayores. Cualquier cambio en el encuentro sexual conyugal no se produce en el departamento de menores. Esto requiere una atención de gran magnitud.

Shane y Debbie estuvieron juntos antes de casarse. Entonces Debbie se hizo cristiana. Antes y durante el período inicial de su matrimonio, el sexo oral era parte de sus rituales íntimos. Ambos socios disfrutaron de esto hasta que Debbie se salvó. Ella dijo que Dios le dijo que no quería que hicieran sexo oral. Este fue un gran cambio inesperado, especialmente para Shane. Uno de los placeres que le dio y recibió de su esposa, le fue arrebatado violentamente. Shane, que no es cristiano, debe someterse a las instrucciones de una fuente a la que no se ha sometido. ¿Cuán maritalmente constitucionalmente correcto es eso? Una pregunta que Shane podría hacer es, dado que Dios le quitó el sexo oral, ¿con qué lo está reemplazando?

No todos los cambios vienen en forma de resta. Algunas son adiciones. Una esposa descontenta dijo que su esposo quiere que el sexo anal se agregue a su experiencia íntima. Ella insiste en que "... ¡no está sucediendo!" Ella cree que no es ético ni natural.

No todos los cambios vendrán en forma de resta.

A medida que los cambios se presenten para ser ejecutados, se debe tener mucho cuidado para garantizar el respeto mutuo y el consentimiento para los cambios deseados.

1. **Sus herramientas para llevar para las implementaciones.**

   a) Hable sobre cualquier cambio, ya sea mayor o menor, para asegurarse de que está en la misma página.

   b) Discuta cómo afectaría su matrimonio un cambio importante.

   c) Abordar los cambios con la mente abierta.

2. **Tareas.**

   a) ¿Ha propuesto cambios con respeto o ha implementado cambios sin consideraciones?

   b) Donde cometió un error, revise y corrija. Ahora, implemente el respeto con los cambios deseados.

   c) Los cambios deben ser considerados valorando la opinión de ambas partes.

Página del diario

_____

_____

_____

_____

_____

_____

_____

_____

_____

_____

_____

_____

_____

_____

HERRAMIENTA # 12
Dejar y partir

Su relación trajo mucha alegría a familiares y amigos. Dos jóvenes cristianos que habían mantenido la pureza ahora están entrando en unión matrimonial. Estuvieron casados hasta que su madre se mudó a su casa. El matrimonio se zambulló drásticamente más allá de la reconciliación. La historia cambió de joven y enamorada, a joven y divorciada. Esto nunca fue parte del plan. ¿Qué sucedió? La novia y su madre tenían una relación muy estrecha. Eran mejores amigos. Los mejores amigos viviendo en el mismo espacio, significaban que no había lugar para la relación de mejor amigo entre marido y mujer. El marido ya no se sentía el jefe del hogar sino el tercero. Su opinión era secundaria a la de su suegra. A menudo, el marido se quedaba solo mientras madre e hija disfrutaban de la mutua compañía. Según Génesis 2:20, "El hombre puso nombre a todo ganado y a las aves del cielo ya todo animal del campo. Pero para Adán no se encontró una ayuda idónea para él". Para este esposo, su situación era peor que la de Adán. Adán no tenía esposa, pero el joven sí la tenía, pero todavía estaba solo.

Si bien se fomenta el vínculo familiar, nunca debe comprometer la fuerza y la integridad de su vínculo matrimonial. Los parientes externos deben comprender su nueva posición. Su posición como padres no ha cambiado, pero su función sí.

Si bien se fomenta el vínculo familiar, nunca debe comprometer la fuerza y la integridad de su vínculo matrimonial.

> *De niños, fuiste sometido a tus padres, pero como persona casada, esa sumisión ahora se traslada a tu cónyuge. Dejar a los padres y unirse al cónyuge.*

1. Sus herramientas para llevar para las implementaciones.

a) Como se mencionó, dejar a los padres y unirse al cónyuge.

b) Recuerde siempre que el hombre, el marido, es ella cabeza de familia, el matrimonio. Incluso si reside en la casa de sus padres.

c) Respete a su esposo como jefe; no, pero los padres, amigos sobre él.

2. Tareas.

a) ¿A qué le ha dejado a su cónyuge aferrarse? Pregúntele a su cónyuge.

b) ¿Son usted y su cónyuge mejores amigos? Si no persigue esta realidad.

c) ¿Cuál es la posición que ocupa su cónyuge en su vida?

Página del diario

_____

_____

_____

_____

_____

_____

_____

_____

_____

_____

_____

_____

_____

_____

Herramienta # 13
Cierres necesarios

En 2004, un joven conoció a una hermosa joven. Él buscó la amistad, pero ella rechazó sus avances. Dijo que estaba comprometida con un tipo que dejó su territorio y nunca regresó. Ella perdió todo contacto con él y nunca le entregará su corazón a otro. Su belleza y su físico lo impulsaron a esforzarse más. Tuvo éxito y salieron, se casaron y tuvieron un hijo. A los pocos meses de casados, el exnovio que abandonó a su esposa, se puso en contacto con ella. Ella trató de luchar contra sus avances, pero sucumbió cuando él le dijo que la amaba y que nunca amaría a nadie más. Le sugirió que se divorciara de su marido y luego podrían casarse. Mientras tanto en casa, todo cambió. La comunicación se abrevió, el sexo se secó y se convirtieron en dos enemigos. Ellos se divorciaron.

Su ex esposa y su alma gemela se casaron según lo planeado.

Mirando hacia atrás, dijo que se involucró y se casó con una mujer que tenía las puertas abiertas. Todavía estaba abierta al hombre que amaba. Trató de usarlo para producir un cierre, pero el amor que tenía por su alma gemela era demasiado fuerte. La amaba, pero su amor no podía competir con el que amaba. A menudo ignoramos el valor de las puertas abiertas existentes y sufrimos las consecuencias de nuestra locura. Para este joven, la puerta abierta fue que el corazón de su compañero estaba hacia otro hombre.

No ignore el valor de las puertas abiertas existentes, puede sufrir las consecuencias de su locura.

Puede que esto no sea tuyo, pero ¿ambos han cerrado todas las puertas abiertas?

1. Sus herramientas para llevar para las implementaciones.

a) Antes de entrar en unión matrimonial con alguien, asegúrese de que todas las puertas del pasado estén cerradas y selladas para siempre.

b) Si su cónyuge todavía tiene sentimientos por su ex, hable con su pareja antes de entrar en la unión matrimonial, ya que esto se considera tener una relación adúltera (sentimientos por otro mientras está casado con otro).

c) Nunca contraiga matrimonio sabiendo que no corresponde los mismos sentimientos que el otro.

2. Tareas.

a) Ambos socios leen juntos la escritura de hoy.

b) Facilite discusiones abiertas sobre todas las posibles puertas abiertas. Esta no es una pelea. Cierra las puertas.

c) Esto requerirá total honestidad.

Página del diario

_____

_____

_____

_____

_____

_____

_____

_____

_____

_____

_____

_____

_____

HERRAMIENTA # 14
Equilibrio

George y Elizabeth han estado casados durante 19 años. George ama a su esposa y daría y haría casi cualquier cosa por ella. Él la mima hasta la muerte. Es un gran padre para sus hijos, un verdadero hombre de familia que trabaja muchas horas. A lo largo de los años del matrimonio el sexo fue bueno, bastante frecuente y disfrutado por ambas partes. Sin embargo, en los últimos años, con George siempre trabajando muchas horas, esto hizo que se sintiera cansado y perdiera el interés por el sexo. El sexo se volvió bastante infrecuente a veces; pasarían semanas sin ningun. En este mismo período, a Isabel le diagnosticaron menopausia precoz. Uno de los efectos secundarios que experimentó fue un aumento drástico en su deseo sexual. Su deseo sexual se disparó, mientras que el deseo sexual de

George disminuyó. La intimidad entre ellos era inexistente.

Elizabeth comenzó a sentirse sola y rechazada. Habló con George sobre la situación, pero no hubo muchos cambios. Estaba demasiado consumido por el trabajo, que no era culpa suya. Tuvo que trabajar estas largas horas para que el negocio tuviera éxito, de modo que pudiera mantener a la familia. Elizabeth estaba tratando de ser considerada y comprensiva, pero a veces se volvió demasiado difícil de soportar. La tentación de masturbarse se estaba volviendo abrumadora y más difícil de resistir. Elizabeth tuvo la suerte de ser bendecida con una amiga muy querida en la que pudo confiar. Esa amiga siempre estuvo ahí para escuchar, brindar apoyo y asesorar.

El deseo de tener sexo se volvió tan malo en ocasiones para Elizabeth que la dejó llorando y al borde de la depresión. A veces se ponía celosa de los demás cuando hablaban de su vida sexual con sus cónyuges. Elizabeth no está perdiendo la esperanza. Ella ora y le está creyendo a Dios por un cambio y planea escribirle a George otra carta explicando cómo esto la está afectando a ella y a su matrimonio.

Después de muchos años de matrimonio, uno puede volverse complaciente y darse por sentado el uno al otro. No ser sensibles a las necesidades de los demás puede contribuir a la ruina del matrimonio.

Después de muchos años de matrimonio, uno puede volverse complaciente y darse por sentado el uno al otro.

Aunque es importante que George mantenga a su familia, también debe dedicar tiempo a su esposa y ella también debe dedicar tiempo a él. La comunicación en cualquier relación es clave.

1. Sus herramientas para llevar para las implementaciones.

a) Siempre haga tiempo para su cónyuge y nunca le niegue el sexo a su pareja, a menos que sea por la causa del ayuno.

b) No importa lo ocupado que esté su trabajo, planifique estrategias, establezca prioridades y dedique tiempo a su pareja.

2. Tareas.

a) ¿Hay áreas de su matrimonio que se están descuidando?

b) Si es así, identifique estas áreas y comience a trabajar para arreglarlas.

Página del diario

_____

_____

_____

_____

_____

_____

_____

_____

_____

_____

_____

_____

_____

HERRAMIENTA # 15
Señales de advertencia

Angelina y John estuvieron casados durante nueve años y juntos durante 18 años. Tienen cinco hijos juntos. Él estuvo allí como un buen amigo para ella antes de casarse. Se mudaron juntos, luego se enteró de que él era abusivo, verbal y físicamente. Él le pidió a ella que se casara con él. Ella rechazó la oferta debido a sus abusos. Luego la amenazó con dejarla con los niños si no se casaba con él. Se casó no por amor, sino por circunstancias. Después de la boda, empeoró. Comenzó a hacer trampa abiertamente. Aunque consiguió lo que deseaba, empeoró. Se mudó y se fue a vivir con una mujer con la que estaba cerca de su casa. Al lidiar con el engaño, ella lo engañó a él, no porque quisiera, sino porque necesitaba un escape. Dejó embarazadas a mujeres e hizo abortos. Ella lo perdonó y lo recuperó.

Angelina dijo: "Su engaño causó mucha vergüenza. No quería volver a casa. Me sentí despreciado, sucio, rechazado. Se derramaron muchas lágrimas. Mentalmente estaba agotando. Me bauticé en 2011 y lo llevé de regreso. John nunca participó en las devociones matutinas. Una vez, dos mujeres de la comunidad que vivía se pelearon y él fue la causa. Se involucró con una mujer casada y trasladó sus muebles de la casa a una casa que alquiló cerca de esa mujer casada. Finalmente se fue de forma permanente. Nunca mantuvo a los niños ni contribuyó a la hipoteca. Me enfermé y fue después que empezó a ayudar a los niños".

"Aquellos que planean casarse, no ignoren las señales. Presten atención a los signos de la verdad de las personas. No puede cambiar a nadie. Hice muchas cosas para cambiarlo. Para aquellos que ya están casados, busque ayuda profesional o salga. El daño emocional puede ser peor que el físico".

"El daño emocional puede ser peor que el físico"

---

1. Sus herramientas para llevar para las implementaciones.

a) Nunca se case por razones equivocadas.

b) No se deje amenazar con casarse.

c) Preste atención a las señales de advertencia antes del matrimonio.

2. Tareas.

a) ¿Cuáles son los signos negativos que está viendo / ha visto?

b) No finja que no están ahí. Dirígese a ellos.

c) Obtenga asesoramiento.

Página del diario

_____

_____

_____

_____

_____

_____

_____

_____

_____

_____

_____

_____

_____

_____

HERRAMIENTA # 16
Ver lo que no se dice

Nicholas y Nadia están casados y tienen tres hijos. Son muy activos en la iglesia y todos los ven como pilares fuertes de la congregación. Nadia dice que quiere que su esposo no espere a que ella pida ayuda, sino que simplemente se la dé. Este ha sido un punto amargo importante para ella. Nadia es una fanática de la limpieza y está limpiando constantemente. Su esposo la veía estar muy cansada y no la ayudaría, a menos que ella se lo pidiera. Otro motivo de preocupación para Nadia es la inestabilidad de sus finanzas.

Ella dijo: "No me casaría con un hombre cuya vida laboral sea estrictamente estacional. La industria es demasiado voluble y nos encontramos dando vueltas por la montaña de los desempleados con demasiada frecuencia".

Nadia dice que actualmente está tratando de mejorar el uno y los unos, es decir, pasar tiempo lejos de los niños. Los niños consumen todo su tiempo y ella no cree que esto sea saludable. Se han embarcado en hacer que las citas nocturnas sean obligatorias. Esto tomaría en más viajes solos juntos. Ella descubre que cuando aumenta de peso, su interés por el sexo disminuye, pero dice que sabe que todo se reduce a cómo se ve a sí misma. Por lo tanto, el mantenimiento de un peso manejable es crucial.

Embárque en hacer de las citas nocturnas obligatorias.

Cuando Nadia tuvo algunos problemas de salud y Nicholas fue su principal apoyo, él vivió su voto de salud o enfermedad. Esto ha hecho que ella lo ame más. La enfermedad apareció y apareció Nicholas. A través de la enfermedad, se han vuelto más cercanos y espirituales.

1. Sus herramientas para llevar para las implementaciones.

a) Nunca mire a su pareja luchando solo con las tareas del hogar, haga su parte, ayude.

b) Asegúrese de pasar tiempo juntos, para que su vínculo se fortalezca.

2. Tareas.

a) Brindar asistencia antes de que se solicite. Satisface la necesidad.

b) Juntos hagan cambios concertados en sus finanzas para garantizar una mayor estabilidad.

c) Viva los votos hechos.

Página del diario

_____

_____

_____

_____

_____

_____

_____

_____

_____

_____

_____

_____

_____

_____

HERRAMIENTA # 17
Apoyo

Joshua y Doreen disfrutan de su unión. Compartieron varios pilares poderosos sobre los que se asienta su matrimonio. De ellos, se destacó el apoyo. Joshua dijo cuando se conocieron; se propuso ayudar a Doreen a mejorar en todos los aspectos de su vida. El primero fue la educación. Ella siguió y obtuvo su diploma de maestra. Este fue un viaje y se brindó un apoyo completo. A continuación, tenía su propio negocio. Se brindó apoyo desde su concepción hasta la rentabilidad. Joshua cambió su vocación y Doreen es quien hace la primera crítica. Antes de que cualquier producto se haga público, ella lo examina enérgicamente y regresa a él para enmendarlo. Nada sale sin pasar por los ojos de apoyo de Doreen. Esto ha fortalecido la unión.

Al estar en campos muy competitivos, el apoyo es muy importante. El apoyo desde casa puede estar infravalorado. Sin embargo, la falta del mismo es demasiado cara para desear. Joshua dice que el apoyo de su esposa es como columnas que sostienen un edificio. Con su apoyo, cree que puede seguir construyendo, sabiendo que no se caerá.

Su apoyo a su socio es como columnas que sostienen un edificio.

El apoyo se brinda entre los cónyuges en muchas formas diferentes, financieras, emocionales, físicas, solo por nombrar algunas. Refieren su apoyo para cada uno como intercambiable. Joshua dice que cuando un árbol de plátano está cargado de frutos; el agricultor le da apoyo sujetándolo con una muleta. Dijo que disfrutan siendo el bastón de apoyo del otro. Han decidido no dejar nunca que su principal apoyo sea externo. Recuerde: la fuerza interior es fuerza manifestada exteriormente.

1. Sus herramientas para llevar para las implementaciones.

a) Soporte, apoyo, apoyo.

b) Brinde apoyo a su pareja en todos los aspectos del matrimonio.

2. Tareas.

a) ¿Qué área te le falta para apoyar a tusu pareja?

b) ¿Cuáles son las áreas en las que le gustaría recibir apoyo de su cónyuge? Exprese estos deseos.

c) Buscar el apoyo mutuo.

Página del diario

_____

_____

_____

_____

_____

_____

_____

_____

_____

_____

_____

_____

_____

HERRAMIENTA # 18
Límites necesarios

Esther dijo que no buscó a Dios sobre su matrimonio. No fue salvo, pero se bautizó para poder casarse con ella. Esther estuvo casada durante 2 años. Salieron durante unos seis meses. Ambos se amaban. Fueron muy ambiciosos. Inmediatamente comenzaron a lograr sus objetivos juntos. Tenían la misma perspectiva futurista. Su relación sexual no fue fuerte. Carecían de privacidad porque vivían en una casa familiar. La gente siempre estuvo en su espacio. Esther dijo que podría haber sido más creativa y aventurera. Tuvo un hijo antes del matrimonio y seis meses después de casado quedó embarazada y luego el esposo comenzó a viajar, lo que finalmente llevó a la destrucción de la unión. Esther dice que fue muy irrespetuosa con su esposo. Mirando hacia atrás, se dio cuenta de que su actitud hacia él le impedía perseguir a Dios en un l(ugar alto. Cuando se casaron, ella estaba trabajando, pero poco después dejó de hacerlo. La tensión financiera ahora era toda suya. Espiritualmente, no estaban al mismo nivel. Ella le dictaba sobre asuntos espirituales. Ella le exigió que asistiera a la iglesia, ayunara, leyera la Biblia y orara. Ella tomó la iniciativa en lugar de someterse a él. Esther dijo que el amor que Roger mostró por su hijastra fue extraordinario. Tienen un vínculo fuerte.

Roger viajó y decidió no regresar a su casa. Le envió los papeles del divorcio y ella los firmó dolorosamente. Continuó apoyando económicamente a los niños en un nivel estricto.

Ella dice que el matrimonio requiere privacidad. Incluso si vive en una casa familiar, asegúrese de que haya privacidad.

El matrimonio requiere privacidad.

---

1. Sus herramientas para llevar para las implementaciones.

a) Sea respetuoso con su pareja en todo momento.

b) Esposas, recuerden, sean sumisas a su esposo que él es el (la) cabeza de familia.

c) No sea un dictador, en cambio, pídele a su pareja su opinión sobre los asuntos.

2. Tareas.

a) Evalúe su actitud. Este podría ser el asesino matrimonial.

b) Esther le faltó el respeto a su pareja. Evalúe sus propias acciones. ¿Es culpable de lo mismo?

c) Establecer límites, en las áreas de tiempo y disponibilidad para amigos y familiars.

Página del diario

_____

_____

_____

_____

_____

_____

_____

_____

_____

_____

_____

_____

_____

HERRAMIENTA # 19
Viva su papel

Michelle ha estado casada 22 años. Fue amor a primera vista y se casaron 7 meses después. No recibieron asesoramiento. Tenía 23 años. La mala comunicación y los planes hechos no se cumplieron. Se consideró que los obstáculos presentados no eran demasiado para superar. Ambos viajaron a otros países y se separaron con frecuencia y durante largos períodos. Ella dice que su esposo nunca se ha elevado al puesto de líder. Ella siempre ha tenido que hacerse cargo. Esto es una carga para ella. Esto contribuyó a que ella hiciera trampa durante el matrimonio. Michelle dijo que él nunca le proporcionó el seto de protección que necesitaba. Si ella decía que iba a salir, él nunca le preguntaba adónde iba, por qué llegaba tarde a casa y no mostraba interés. Dice que es una adulta. Actualmente están en países separados, él nunca la llamaría, enviaría mensajes de texto o le pediría que regresara a casa, ni siquiera de vacaciones.

Michelle dice que su esposo también es un tramposo. Confesó cuando tuvieron una conversación abierta. No hay niños entre ellos. Recientemente se enteró de que tiene un hijo. Al establecer una relación con su hijo, la ha puesto antes que ella. La hija recientemente la maldijo y el padre no la corrigió. Michelle cree que debido a que él quería un hijo, el niño ahora se le ha presentado. Ella no está segura de por qué se quedó en el matrimonio, excepto que lo ama y se apoya en la palabra de Dios. Ella está buscando un testimonio del que puedas lograrlo en tu matrimonio a pesar del. Actualmente están intentando empezar a vivir juntos en el mismo país.

> *Busque un testimonio que pueda lograr en su matrimonio a pesar del.*

1. Sus herramientas para llevar para las implementaciones.

a) Hablen juntos sobre las metas futuras.

b) Cumplir con los planes hechos.

c) Estén abiertos unos con otros y comuníquense.

d) Maridos, recuerden que son el cabeza de familia, tomen las riendas, no sean un dictador.

e) Si los hijos vinieron antes del matrimonio, asegúrese de que sean respetuosos con su pareja, independientemente de si son padres biológicos o no.

2. Tareas.

a) Invierta tiempo en dar seguimiento a los planes realizados.

b) Revise su papel. ¿Ha violado el papel de su cónyuge?

c) No más trampas.

d) Corregir a los niños cuando se equivocan.

Página del diario

_____

_____

_____

_____

_____

_____

_____

_____

_____

_____

_____

_____

_____

HERRAMIENTA # 20
Sea agradable a Dios

Cush ha estado casado durante 9 años. Se casó por amor pero para él fue por documentación. Conocía a su marido desde que eran niños y asistían a la misma escuela. Eran novio y novia. Se separaron debido a la inmigración, pero luego se volvieron a conectar y se casaron. Antes del matrimonio, tuvo que divorciarse de un matrimonio comercial que salió mal. Sin que ella lo supiera, su plan era conseguir sus papeles y luego marcharse. No mostró respeto ni amor por ella. A menudo se preguntaba si había cometido un error.

Su esposo solía viajar fuera del estado durante meses y ella estaría sola. Ella era una recién casada y estaba sola. Ella regresó al Señor y esto agravó a su esposo. La acusó de haber visto a uno de los hermanos en la iglesia. Esto provocó que comenzara el abuso físico. La golpearon y luego la obligaron a hacerle sexo oral. Luego solicitó el divorcio. Ella estaba dispuesta a dárselo. Se mudó del dormitorio y vivió en la sala de estar. Se enfrentó al tiempo a mujeres desnudas en su presencia. Se rieron de ella y se burlaron de ella porque dice: "Todavía cocino sus comidas y él duerme y entra cuando sea y actúa como si no estuviera haciendo nada malo". Ella perdió todo. Casi pierde la cabeza, pero Dios la retuvo. Cuanto más se adentra en Dios, las cosas comienzan a cambiar. El abuso físico se detuvo pero el verbal continuó.

Cuanto más te adentras en Dios, las cosas comienzan a cambiar.

Le ha pedido a Dios que le enseñe a amar a los que no la aman ni la comprenden. Aprendió que su esposo no es su enemigo, pero los espíritus sí. Ella dijo que Dios le dijo que no se fuera y que confiara en él Dios. Actualmente, el Señor le está enseñando a perdonarlo. Pidió a Dios sabiduría y entendimiento "para ser la esposa que Dios la llama a ser". La situación continúa.

1. Sus herramientas para llevar para las implementaciones.

a) Asegúrese de que la persona con la que planea pasar el resto de su vida sea enviada por Dios.

b) Sea siempre respetuoso con su pareja.

2. Tareas.

a) Abstenerse de lanzar acusaciones. Recuerde, una persona es inocente hasta que se demuestre su culpabilidad.

b) Como Cus, ataque a los espíritus y no a su cónyuge.

c) A pesar de los tratamientos negativos, sé el cónyuge que Dios quiere que seas.

Página del diario

_____

_____

_____

_____

_____

_____

_____

_____

_____

_____

_____

_____

_____

HERRAMIENTA # 21
Rendir culto

"Tenía 13 años cuando un miembro de la familia me abusó sexualmente por primera vez. Este abuso sexual continuó durante dos años. Tuve otras 3 relaciones íntimas antes del matrimonio y mis respuestas fueron variadas. Algunas las disfruté y otras no. Me casé y ahora tengo cuatro hijos. Amo a mi esposo, pero durante el matrimonio desarrollé un bloqueo hacia la intimidad. No tenía ningún deseo por él ni por sexo. Nos separamos y tuve una aventura con alguien y fue como la mejor que había tenido. Mi esposo y yo volvimos a estar juntos, pero el problema resurgió. No tenía ganas de sexo y encontré excusas". Explicó Rose. Su esposo se quejó diciendo que si ella no hacía algunos cambios; él se iba a divorciar de ella. Una de sus quejas constantes fue que ella nunca inició la intimidad. La verdad es que Rose lo intentó, pero el bloqueo fue demasiado. Su esposo es un buen hombre y ella creía que se merecía algo mejor que ella. Buscó asesoramiento y se enteró de que Dios quiere que disfruten de la intimidad.

Rose aprendió que el sexo es una forma de adorar a Dios. Comenzó a adorar durante la intimidad y ayudó enormemente. La adoración ayudó a Rose a relajarse y a apreciar que a Dios le agrada la intimidad entre un esposo y una esposa. También aprendió sobre el derecho a mandar por Dios.

Dios ordenó los matrimonios. Quiere que marido y mujer disfruten el uno del otro.

"Comencé a ordenarle a mi cuerpo que aceptara el placer". La diferencia hasta ahora ha sido notable. Rose estaba perdiendo su matrimonio, pero Dios usó la adoración y el mando para rescatar.

1. Sus herramientas para llevar para las implementaciones.

a) ¿Ha perdido el interés por tener intimidad con su pareja? Mire hacia atrás para ver cuál podría ser la posible causa y trabaje para solucionarlo.

b) Protéjase de las insinuaciones sexuales fuera del matrimonio.

2. Tareas.

a) Identificar la raíz de todos los bloqueos dentro del matrimonio.

b) Abordarlos rápidamente

c) Estudiar y utilizar el don de la adoración

Página del diario

_____

_____

_____

_____

_____

_____

_____

_____

_____

_____

_____

_____

_____

HERRAMIENTA # 22
Amor a travésdel dolor

Lorraine ha estado casada durante cuarenta años. El sindicato ha tenido tres hijos. Ella dijo que pasaron por momentos difíciles. Cuando nacieron los niños, las finanzas familiares se hundieron. Hubo días en los que no tuvieron comida durante tres días. Pero al ser cristianos, oraron y confiaron en que Dios los llevaría a cabo. Su marido tenía trabajos de temporada, lo que significaba largos periodos sin ingresos. Lloró muchas lágrimas al no poder mantener a sus hijos. Recordó estar embarazada y hambrienta hasta el punto de casi bloquearse. Ella no estaba enojada con su esposo por no proveer. Ella dijo que los votos hechos eran para bien o para mal. Ella nunca envidió a otras personas que lo estaban haciendo muy bien.

Recuerda tus votos, para bien o para mal. Hónrelos.

En cambio, ella creía que Dios algún día cambiaría las cosas para ella. La falta no fue lo suficientemente fuerte como para evitar la intimidad. La intimidad se utilizó para fortalecer el vínculo entre ellos. La comida no era abundante, pero el sexo sí. Se propusieron ser fieles el uno al otro y a Dios independientemente de su situación. Lorraine dejó de asistir a la iglesia porque su esposo estaba sirviendo fielmente a la iglesia, pero cuando estuvo enfermo, la iglesia los abandonó. Su esposo no estaba contento, pero respetó su elección. Lorraine lamentó no poder trabajar y ayudar a su familia. Lorraine cree que su marido es demasiado blando. Nunca se enfrentó a los rigores de la vida. Estaba demasiado relajado. Necesitaba ser un emprendedor. Tenía que ser el portavoz de la familia. Se pelearon, pero ella volvería rápidamente a la normalidad, pero luego, él lo alargaría. Hoy están en un lugar mejor.

1. Sus herramientas para llevar para las implementaciones.

a) A pesar de la situación, o la falta en el matrimonio, permanezcan siempre fieles el uno al otro y a Dios.

b) Resuelva todos los desacuerdos rápidamente. No dejes que se salgan de control.

2. Tareas.

a) Haga una búsqueda profunda de cómo maneja los buenos momentos frente a los malos. Sea elegante en las diferentes estaciones de su unión.

b) Resuelva los desacuerdos rápidamente.

Página del diario

_____

_____

_____

_____

_____

_____

_____

_____

_____

_____

_____

_____

HERRAMIENTA # 23
Priorizar

Jo-Ann Elizabeth-Rodney ha estado casada durante cinco años. "Para mí, el matrimonio es como enseñar, requiere planificación, pero cuando se hace lo mismo correctamente, todos los demás aspectos de la lección encajan y se logran los resultados deseados". Jo-Ann explicó que, al igual que la planificación, un aspecto de garantizar el éxito en el matrimonio es involucrar a su esposo mediante la búsqueda de formas creativas de obtener o aumentar su interés. Sin embargo, muchas veces esa base se esconde debajo de la alfombra del trabajo, las tareas domésticas, cumplir con la próxima asignación de la iglesia o simplemente cuidar al bebé y en esos momentos, la intimidad y el sexo se colocan en un segundo plano. Agregó que cuando eso pasa, su esposo no dice mucho pero sus acciones hablan fuerte, se calla, le molesta todo y parece que no tiene interés en hacer las cosas en casa. Sin embargo, cuando se prioriza la intimidad y las necesidades del matrimonio, literalmente se transforma en una mejor persona; irradia alegría, por lo que las palabras de bondad fluyen libremente de sus labios.

Habiendo evaluado su matrimonio, Jo-Ann sabe que necesita pasar más tiempo simplemente aprobando a su hombre y haciéndolo sentir como el rey que es. Siempre que hace eso, ella no tiene que preguntarle si la ama, pero lo siente y lo ve en todo lo que él hace. Además, dijo: "Estoy aprendiendo a entender su lenguaje de amor.

Tómese el tiempo para aprender el lenguaje del amor de cada uno.

Le encanta tomar las cosas más pequeñas, como tomarse un tiempo fuera del trabajo solo para llamar y verificar mi bienestar, para recordarme que 'Tú eres mi chica'. En esos momentos, no tiene que decir pero escucho la efusión de su amor".

1. Sus herramientas para llevar para las implementaciones.

a) Tómese el tiempo para apreciar a su pareja y animarse mutuamente.

b) Dar validación a su socio; tómese el tiempo para animarlo en sus acciones y palabras.

c) Demuéstrele a su pareja que lo ama incluso en las cosas más pequeñas, como tomarse un tiempo de su día para controlarlo o simplemente decirle "te amo".

2. Tareas.

a) Evalúe su matrimonio

b) Priorice a su cónyuge y satisfaga sus necesidades de intimidad.

c) Aprenda el lenguaje del amor de su pareja

Página del diario

_____

_____

_____

_____

_____

_____

_____

_____

_____

_____

_____

_____

_____

HERRAMIENTA # 24
Expectativas destrozadas

Shauna tuvo una infancia abusiva. A los trece años, se escapó de su casa, que estaba en la zona rural de Jamaica, y se fue a Kingston. Una señora la acogió y el abuso continuó por parte de los hombres en la casa. Nunca terminó la escuela debido a que se escapó a otra parte de la isla. Ella siempre quiso amar una familia y ser parte de ella. Shauna se salvó y conoció a un ministro del evangelio. Salieron. Él estaba súper comprometido con Dios y sus responsabilidades en la iglesia y ella lo respetaba y amaba. Durante las citas, nunca se besaron ni hablaron de sexo. Un querido amigo de Shauna sugirió que debían hablar sobre la intimidad y lo hicieron. Shauna expresó su amor y aprecio por el sexo oral. Sin embargo, ¡se casaron y no hubo sexo oral! Para empeorar las cosas, vivían con su madre (era hijo único). Shauna no podía competir con la madre de su marido. Así que después de seis meses de su unión, ella se postuló. Empacó sus cosas y lo dejó a él y a su madre. Estaba enojada, amargada y decepcionada. Cuando Shauna finalmente consiguió lo que más deseaba, no se le permitió disfrutarlo.

Ella estaba dispuesta a darle todo, pero la iglesia y su madre eran más importantes para él. Shauna había sido dejada de lado durante la mayor parte de su vida, y no iba a permanecer en un matrimonio en el que fuera segunda o tercera. La comunicación también fue un problema importante, ya que no tenía libertad para hablar. Todo fue censurado para asegurar que sus palabras estuvieran en línea con las enseñanzas de la iglesia.

Nunca teme hablar con tu pareja.

El matrimonio nunca debe ser una prisión.

1. Sus herramientas para llevar para las implementaciones.

a) La comunicación es vital para toda relación.

b) El matrimonio no debe ser una competencia entre su pareja y sus suegros.

c) Su pareja debe venir antes que su familia, irse y separarse.

2. Tareas.

a) ¿Ha fomentado un ambiente libre para la comunicación en su matrimonio?

b) Pregúntele a su pareja si se siente preso en algún ámbito del matrimonio. En caso afirmativo, comprométase a cambiar los patrones negativos que están afectando al matrimonio.

Página del diario

_____

_____

_____

_____

_____

_____

_____

_____

_____

_____

_____

_____

_____

Herramienta # 25
Verdades ignoradas

Casarse era una parte muy importante de la vida de Anna, especialmente porque podría vivir una vida agradable a Dios. Anna finalmente podría vivir su sueño de tener su propia pequeña familia, envejecer con su esposo y ver a sus hijos convertirse en adultos.

Viva siempre una vida que agrada a Dios.

Nunca pensó que unos años después de casarse se separaría y viviría sola con los niños. Anna mencionó que debería haberlo visto venir, ya que las razones de la separación eran evidentes incluso antes de que comenzara el matrimonio. Sin embargo, seguía diciéndose a sí misma que: "... el tiempo se curará y el tiempo permitirá el cambio". Las razones de la separación incluyeron: abuso físico, psicológico y emocional que se hizo más frecuente y severo con el tiempo. Anna todavía experimenta los efectos psicológicos y emocionales del abuso. Su autoestima se ha visto gravemente minada debido a que vive bajo constantes críticas e insultos interminables. La percepción de "permanencia del matrimonio" es también otra razón por la que se permitió vivir en un sufrimiento prolongado, principalmente porque sintió que si se divorciaba no podría volver a casarse y estaría sola por el resto de su vida. Este es un miedo paralizante genuino que se manifestó. Anna hizo todo lo humanamente posible para salvar su matrimonio, lo que a menudo incluía dejar de lado sus necesidades y concentrarse en mantener las de él, sin reconocer que ella era la única que lo intentaba. Anna dijo: "Hice lo mejor que pude y, sin embargo, nunca mejoró, no tengo la culpa de no intentarlo. Lo único que creo que debería haber hecho y que no hice es liberarme antes. Finalmente me di cuenta de que me merecía algo mejor y que me estaba vendiendo por debajo de lo que valgo".

1. Sus herramientas para llevar para las implementaciones.

a) El cambio debe provenir de su socio, no puede cambiarlo.

b) Nunca sufra abuso de ningún tipo diciéndose a sí mismo que las cosas cambiarán si la otra parte no está dispuesta a hacerlo.

c) sus necesidades son tan importantes como las de su pareja, nunca las apartes para complacerlo.

d) Nunca se quede corto en beneficio de su pareja o de cualquier otra persona.

2. Tareas.

a) Todas las formas de abuso deben eliminarse ahora mismo.

b) Obtenga ayuda para ser sanado del dolor de todos los abusos anteriores.

c) Apoyarse mutuamente en este viaje de sanación.

Página del diario

_____

_____

_____

_____

_____

_____

_____

_____

_____

_____

_____

_____

Herramienta # 26
No dos sino uno

Jessica tenía tres (3) hijos entre las edades de dos (2) y doce (12) cuando conoció a su esposo. Hubo choques de personalidad a medida que se iban conociendo. Los niños se volvieron muy territoriales y rebeldes, especialmente cuando se dieron cuenta de que él era importante para ella y con qué frecuencia estaría en la casa. No prestó mucha atención a su comportamiento, ya que estaba más concentrada en capitalizar cada segundo con él. Pasaron mucho tiempo conociéndose con la esperanza de formar una familia juntos.

Estuvieron comprometidos nueve (9) meses en la relación y se casaron al año siguiente. Jessica siempre había sido una mujer ambiciosa y muy independiente, por lo que someterse fue un desafío. Sentía que si tenía que renunciar a eso, él tenía que ser alguien a quien pudiera someterse, alguien a quien pudiera confiar con la responsabilidad de dirigir el hogar y ella no veía eso en él. Esto lo llevó a sentirse menos hombre e indigno, lo que resultó en muchas discusiones y muy poca comunicación. Ella señaló que: "... Los niños lo vieron como una forma de faltarle el respeto". Sin embargo, ella permitió la mayor parte y finalmente se separaron.

Durante ese tiempo, Jessica hizo mucha autoevaluación con la ayuda de Dios y sesiones de consejería, estaba destinada a convertirse en una mejor persona, madre y esposa.

Dios reunió a su familia y en ese momento las cosas eran muy diferentes. Los niños eran mayores y tenían una comprensión más clara de lo que es una familia nuclear y lo importante que es tener una figura paterna en el hogar. Tenía sus defectos.

Él también era nuevo en ese entorno, pero pasaba tiempo con los niños haciendo los deberes, jugando, saliendo, etc., y se ganó su confianza. Con el tiempo, les empezó a gustar mucho.

Mirando hacia atrás, otros problemas que los rompieron incluyeron: falta de comunicación, no expresar sentimientos, no entenderse, hacer lo suyo sin tener en cuenta los sentimientos del otro, gastar impulsivamente y no estar contento con su cónyuge / adulterio, etc.

Los desafíos no siempre significan no.

Alguien miraría estos temas y pensaría, "¡toda esperanza se ha ido! ¿O de qué sirve?" pero si ambos están decididos a hacerlo funcionar, puede hacerlo.

La solución comenzó cuando decidieron volver a ser amigos... empezar de nuevo. Solo que esta vez no partían de cero, sino de la experiencia. Así que salieron más, se comunicaron más, oraron mucho más y se concentraron en sus planes y metas futuros. Una vez que pudieron identificar los problemas y acordaron trabajar juntos en ellos, pudieron vencer esos problemas. Anna advierte que: "No sucederá de la noche a la mañana, pero con mucha oración, comunicación y dedicación, sucederá. Habla con amor, deja que tus palabras estén llenas de gracia y sazonadas con sal. ¿Sería fácil? por supuesto no. ¿Valdría la pena que? ¡Absolutamente!"

1. Sus herramientas para llevar para las implementaciones.

a) Nunca permita que sus hijos le falten el respeto a su cónyuge.

b) Esté abierto a expresar sus sentimientos, deseos y necesidades a su pareja. Ambas partes deben estar de acuerdo y estar en la misma página para que el matrimonio funcione.

c) Identificar los problemas del matrimonio y trabajar juntos en ellos.

d) Establezca planes y metas para el futuro que sean realistas y que puedan lograrse trabajando juntos.

2. Tareas.

a) Evalúe la salud de su matrimonio y su familia extendida.

Página del diario

_____

_____

_____

_____

_____

_____

_____

_____

_____

_____

_____

_____

_____

HERRAMIENTA # 27
Ahorrarse

El matrimonio no es un "agradable paseo por el parque", y el de Michelle no fue diferente. Requiere trabajo diario. Ella había estado con Joe desde que tenía dieciocho años y estaba casada por más de 16 años, y acumuló una gran cantidad de conocimientos y experiencias que, si pudiera hacerlo de nuevo, el divorcio definitivamente no sería el resultado final.

Los matrimonios requieren trabajo.

Algunos dicen que lo que comienza mal... termina mal. Michelle y Joe pasaron buenos y excelentes momentos, pero el matrimonio siempre encontró el camino de regreso a los males. Su matrimonio se basó en una mentira. Michelle fue engañada haciéndole creer que Joe era una persona libre. Antes de casarse, Michelle se enteró de que Joe no

119

era soltero sino casado. Él no le dijo, ella se enteró accidentalmente. Ella terminó la relación, pero eso fue temporal. Su madre le dijo que la esposa era mala y que la encontraron en una relación con un estudiante. Luego se divorció.

Como la mayoría, si no todos, los matrimonios en las primeras etapas están enmascarados con mucha alegría, paz y felicidad. Michelle sintió que había encontrado a su alma gemela... su compañera de vida. Había amor, comprensión, gran comunicación, paz y mucha felicidad. "Tuvimos el amor perfecto. Recibí la atención, el amor. El chico me apoyó mucho, me ayudó a estudiar, siempre llamando, siempre ayudando. Era adorable, cariñoso y financieramente estable. Estuvo siempre presente en mi vida. Cada semana, reuní al menos tres cartas de amor. Mis amigos envidiaban mi relación amorosa. Me animó a completar mis estudios. Nos divertimos en los hoteles y simplemente vivimos la vida de nuestros sueños. Éramos la envidia de la comunidad. Tuvimos una hermosa hija por la que oramos... ¡la vida era grandiosa! Fue un capítulo increíble en mi vida".

Sin embargo, Michelle fue a la universidad y luego se enteró de que él tenía una aventura. Ella nunca vio las posibilidades de que él estuviera involucrado en otras relaciones. Su brújula moral le decía "No", pero su corazón decía lo contrario. Michelle abortó sus sueños de mudarse y vivir con Joe en otro país. En el nuevo país, encontró cartas que él le escribió a otra mujer prometiéndole matrimonio. Lo justificó diciendo que solo eran conversaciones. Pero, ella todavía ignoró todas las banderas rojas. Michelle quedó embarazada y luego ¡BOOM! ¡Un matrimonio sorpresa! El día que se casaron, Michelle no sabía que se iba a casar. Joe había conseguido un contrato en otro país y viajaron juntos. Sin embargo, no se le permitió quedarse tanto tiempo como él. Joe volaba a menudo para ver a Michelle, solo para estar con ella durante el embarazo. Cuando llegó el momento de que ella diera a luz, él voló para estar con ella y el bebé. ¡Era el padre más feliz que pudiste encontrar!

Aún así, continuó viviendo una doble vida. De vez en cuando, surgía el conocimiento de una relación y buscaban asesoramiento. El consejero fue bueno y consiguieron ayuda. Entonces, el matrimonio se hundió. Joe tenía una relación en toda regla. Michelle recibió un consejo mixto, algunos dijeron, quédate, otros dijeron que te vayas. Se deprimió tanto que no quiso rezar ni asistir a la iglesia. Siempre que tuviera otra relación, cambiaría. Se volvió indiferente, tosco y brutal. Un día, Joe incluso empacó las cosas de Michelle y las del bebé para que salieran de la casa. El amor se fue. Michelle lloró, pero Joe estaba insensible a sus lágrimas. La conexión se había ido. Sus ojos estaban fríos.

En consecuencia, Michelle quería el divorcio, pero se le aconsejó legalmente que se separaran, lo que hicieron. Luego comenzó a mostrar interés nuevamente. Apareció en su puerta y durmió en su puerta muchas noches. Los amigos aconsejaron a Michelle que lo llevara de regreso. En su graduación, él y su familia vinieron y celebraron. Le pidió que regresara a casa. Luego, Michelle consiguió un trabajo como maestra y una de las hijas de Joe estaba en su clase. Siempre que Joe la llevaba al trabajo, este niño corría hacia él y le decía: "¡Papi, papi!". Continuó teniendo una relación con otra mujer. Comenzó a trabajar para sí mismo, lo cual fue desastroso. Abusó de Michelle financieramente al limpiar su cuenta conjunta. Michelle tuvo que estar pagando las deudas en las que incurrió. Más tarde se enteró de que estaba financiando a otra familia. Michelle estaba embarazada de nuevo, pero él estaba totalmente ausente, lo que nunca estuvo durante el primer embarazo. Estaba deprimida e intentó suicidarse dos veces.

Siempre que Michelle decía que se iba a ir, él se infligía dolor a sí mismo. Una vez, incluso se golpeó los dedos de los pies para evitar que ella se fuera. Durmió varias noches. Lucharon y él la estrelló contra la pared. Ella le rogó que no se fuera, pero aún así decidió hacerlo. Michelle agarró un cuchillo y le cortó la muñeca, por lo que Joe la llevó al hospital. Después de la recuperación, Michelle tuvo que ir al departamento de salud mental y comenzó a tomar medicamentos.

De nuevo salió de la casa. Cuando supo dónde estaba, acampó en su puerta. Durmió en mi puerta hasta que ella lo dejó entrar. Volvieron a mudarse juntos. Joe incluso acusó a Michelle de estar involucrada con uno de sus amigos varones.

Tengo un amigo varón y me acusó de estar involucrado.

Tuvo un accidente una vez y antes de bloquearse pidió su teléfono y llamó a su esposa. Su cráneo y mandíbula estaban fracturados. Más tarde se bautizó, pero su conversión duró poco.

El matrimonio finalmente terminó. Él le dijo que si alguna vez se divorciaban, él nunca se volvería a casar. Después de un año de divorcio, actualmente está casado con una de las personas con las que engañó.

Joe y Michelle son una pareja real y esta es su historia real... El matrimonio es a veces una montaña rusa y nunca estamos listos sin la guía divina de Dios. Incluso después de divorciarse, esto es lo que Michelle tenía que decir...

Todavía duele. Cuanto más lo pienso, veo cuán incompatibles y en yugo desigual estábamos. Creía que le gustaba la idea de estar casado, pero no éramos almas gemelas. Bebió y me obligó a acompañarlo a los bares. Cada vez que salíamos, me sentía como un inadaptado. No pudo divertirse. Creí que estaba en una jaula. El sexo se convirtió en una tarea que odiaba. Con todas las relaciones sexuales que tuvo, desarrollé un bloqueo sexual hacia él. Tenía muchas infecciones. Incluso llegó a ser que cada vez que teníamos relaciones sexuales, sentía que me estaban violando...

Cuando supe que se casó, me derrumbé. En algún lugar de mi mente esperaba que volviera en sí y que volviéramos a estar juntos. Todavía me estoy curando. No me veo en una relación en el futuro cercano. Sé que soy inteligente, pero conociendo el calibre de las mujeres con las que engañaba (prostitutas), me perdí y me sentí inútil.

Consejo de Michelle:

Si tengo que hacer esto de nuevo, aquí hay algunas cosas que cambiaría y / o mejoraría:

1. Preste atención y nunca ignore las banderas rojas. Las señales de alerta pueden ser abiertas o sutiles... No pretendo que no estén ahí. Podría haberlos visto: las excusas o explicaciones por tener que llegar tarde a casa todas las noches; encontrarme solo durante el 85% o más del tiempo; sentir que soy un padre soltero cuando no lo soy; el consumo excesivo de alcohol recreativo; la pasión o el deseo de bailar eróticamente con otros en mi presencia; las llamadas telefónicas a altas horas de la noche desde números desconocidos o el tipo de llamadas de "un timbre"; la pérdida de interés por pasar tiempo familiar de calidad; la preferencia de enterrarse en el trabajo para evitar tener conversaciones o pasar tiempo juntos; la falta de

cuentas por el dinero / desaparición inexplicable del dinero; los amigos demasiado amistosos que parecen no tener límites.

No los ignore porque prefiere no discutir o "mover el barco". Hable sobre ellos, enfréntelos de frente y lidie con ellos exprese lo que ha notado. Discuta por qué no son saludables para el matrimonio y discuta las expectativas de ambas partes.

2. Comuníquese sobre todo, grande o pequeño. No daré nada por sentado ni haré suposiciones infundadas. Le daría tiempo a mi pareja para expresar deseos, metas, aspiraciones, miedos y expectativas sin precipitarme o formular mis propias conclusiones. Los discutiría, sería un oyente activo. Tendría comunicaciones bilaterales, escucharía más, sería empático y me sumergiría en la conversación como si solo existiéramos nosotros dos.

3. Aunque comprometerse es bueno, he demostrado que demasiado es un desastre. Me comprometería, pero no hasta el punto en el que me encuentre asentado y perdiéndome... mis sueños, mis deseos, mis aspiraciones, mis metas en el proceso.

4. Elegiría a alguien que no solo ama la idea de mí, sino que me ama por lo que soy y que ve en mí el potencial de crecimiento y desarrollo y le encantaría ayudarme a crecer. Elegiría a alguien que tenga el mismo sistema de valores o similar y objetivos generales de la vida, no alguien que parezca tener que comprometer siempre sus estándares o formas de complacerme porque eventualmente esa persona se aburrirá y / o se sentirá miserable al estar conmigo y no tener para expresar su verdadero yo.

5. Habría una limitación en cuanto a la cantidad de ayuda que busco de amigos y familiares para ayudarme a resolver problemas matrimoniales. Confiaría más en la intervención y la fuerza de Dios y no trataría de resolver los problemas por mi cuenta.

6. Me amaría más y honraría mi valor, sabiendo que mi pareja me felicita y no que me completa porque si decide irse, se llevaría la mitad de mí con él y me dejaría incompleta.

1. Sus herramientas para llevar para las implementaciones.

a) No ignore las banderas rojas. Si están allí antes del matrimonio, trabaje en ellos.

b) Busque la guía divina antes de contraer matrimonio santo con alguien.

c) Establezca límites para los amigos.

d) La comunicación es vital para la supervivencia de una relación.

e) Busque a Dios primero en todo en lugar de acudir a familiares y amigos. Esto puede causar una mayor ruptura del matrimonio.

2. Tareas.

a) ¿Hay similitudes con su historia?

b) Seguir solucionando los problemas antes del divorcio.

Página del diario

_____

_____

_____

_____

_____

_____

_____

_____

_____

_____

_____

_____

Herramienta # 28
Mirando hacia atrás

Cuando fue entrevistada, Laura destacó lo siguiente al recordar su matrimonio fallido:

Fortalezas del matrimonio:

1. No hubo infidelidad / romance extramatrimonial.

2. Intentamos ser los mejores padres para nuestros hijos.

3. El sexo era bueno.

4. Tener sesiones familiares de devoción y adoración fue gratificante y significativo.

Debilidad del matrimonio:

1. Mala comunicación.

2. Desafíos financieros.

3. Mentira constante.

¿Qué podría haber hecho de otra manera?

Para explicar mejor lo que podría haber hecho de manera diferente, es posible que deba explicar lo que hice:

1. Compré libros para mejorar nuestra relación, ya que; uno de los principales problemas fue la comunicación.

2. Asistimos a seminarios y retiros matrimoniales que creí que transmitían información valiosa necesaria para mejorar la relación marcial. La aplicación de la información aprendida puede haber sido el desafío.

3. Intercambié mis insatisfacciones y sugerí formas en las que se abordarían.

4. Me acerqué al padre de mi cónyuge y a una hermana muy cercana para hablar con él sobre algunos de nuestros desafíos.

Lo que no hice fue buscar asesoramiento profesional junto con mi cónyuge. Esto se debió en gran parte a que habría sido un gasto para mí y mi cónyuge no parecía dispuesto a explorar la opción cuando se mencionó.

Podría haber sido menos conflictivo, discutidor y manejar mejor mis emociones cada vez que se decía y hacía cosas que me resultaban irritantes y provocadoras.

Una de las cosas que hice mal fue convencerme de que él iba a cambiar cuando vi las banderas rojas que indicaban el peligro que se avecinaba. Estaba demasiado enamorado y creía que el amor era suficiente para hacer durar nuestra relación. Nunca exploré su infancia y llegué a saber lo suficiente sobre cómo fue criado, sus valores, creencias, etc. Estas fueron cosas que más tarde obsesionaron nuestro matrimonio.

¿Qué podría haber hecho mi cónyuge de manera diferente?

No creo que, hasta la fecha, mi cónyuge reconozca que el matrimonio es una sociedad. Siempre me está descuidando al igual que mis emociones y nunca me han hecho sentir que yo era su prioridad en ningún momento.

El matrimonio es una sociedad. Se necesitan dos, marido y mujer, para que un matrimonio funcione.

Algunas cosas que podría haber hecho de manera diferente son:

1. Escúcheme.

2. Inclúyame.

3. Considere mis pensamientos y sentimientos.

4. Practicó el desinterés hacia muchas personas hasta el punto de abusar; sin embargo, fue mayormente egoísta conmigo.

5. No me mientas. Dime la verdad incluso si duele.

6. Esté presente emocionalmente.

7. Sea más un jugador de equipo.

8. Expresar las cosas que no le gustaron de mí para ayudarme a convertirme en una mejor esposa. (Seguí preguntando)

¿Cuáles fueron las lecciones aprendidas? Aprendí que:

1. No podemos cambiar a las personas. Podemos cambiar nuestra actitud hacia ellos.

2. Algunas cosas son habitables y otras no. Las cosas que no son habitables, requieren un compromiso, que involucra a ambas partes. De lo contrario, una persona tiene que morir a sí misma y

elegir soportar lo que le deja perplejo, como vivir con un dolor de espalda por el resto de su vida; si puedes manejarlo.

3. Una persona no puede hacer que un matrimonio funcione, es un esfuerzo de equipo. No debe haber un yo gano y tú pierdes porque en tal unión uno debe sentir tanto por su pareja, que si uno lastima al otro también duele.

4. Nuestras experiencias infantiles influyen en gran medida en quiénes somos como adultos y mucho de lo que crea conflictos en el matrimonio es el resultado de traumas infantiles no resueltos y / o experiencias negativas que uno tiene que reconocer primero y luego superar.

5. Es peligroso ser desinteresado con alguien que es egoísta contigo.

6. Si alimenta un mal hábito, se vuelve más difícil de romper.

7. La amistad es muy importante para la supervivencia de un matrimonio. La intimidad no debe reemplazar la amistad, ya que la amistad fomenta la comunicación que lleva a mantener la confianza, la transparencia, la responsabilidad, la apertura y la comprensión.

8. El matrimonio se trata de edificarnos mutuamente.

¿Cómo puede ayudar mi experiencia si me volviera a casar?

Si bien no estoy seguro de cómo esta experiencia ayudaría si me volviera a casar, creo que las experiencias me han preparado hasta cierto punto para ser una mejor esposa, una mejor persona debido a la forma en que he crecido. Las habilidades y los conocimientos necesarios para mantener un matrimonio se desarrollaron hasta cierto punto, en el proceso, a pesar de su fracaso.

No todo fue guerra y conflicto. Hubo momentos y proyectos gratificantes, por ejemplo criar a nuestros hijos, que hasta la fecha considero un éxito. Aunque estamos separados, seguimos siendo buenos padres.

Quiero tener cuidado de no asumir el control del equipaje en una nueva relación o jugar al detective para encontrar similitudes, ya que eso es muy peligroso. Cada ser humano es diferente y no hay dos seres humanos que reaccionen de la misma manera a situaciones similares. De hecho, la situación puede ser similar, pero es un hecho que todos los componentes no serán iguales; por tanto, la reacción será diferente.

Antes de tomar un voto, habrá que explorar las "banderas rojas" y lograr la comprensión y la comprensión. No quisiera que un segundo matrimonio fracasara como resultado de mentirme a mí mismo que las cosas que no son habitables cambiarán.

1. Sus herramientas para llevar para las implementaciones.

a) La comunicación es vital para la supervivencia del matrimonio.

b) Ambas partes deben estar dispuestas a buscar asesoramiento profesional si surge la necesidad.

c) No hable con ira. Las palabras pronunciadas por ira nunca pueden retirarse.

d) Escuche a su pareja.

e) Considere los sentimientos de los demás.

f) Sea abierto y honesto con su pareja en todo momento.

g) El matrimonio es un esfuerzo de EQUIPO.

h) Ser los mejores amigos del otro.

i) No puede cambiar de pareja; deben estar dispuestos a hacer el cambio ellos mismos.

2. Tareas.

a) Enumere las debilidades de su matrimonio.

b) Enumere los puntos fuertes de su matrimonio.

c) Perseguir la erradicación de las debilidades y trabajar en el fortalecimiento de las fortalezas.

Página del diario

_____

_____

_____

_____

_____

_____

_____

_____

_____

_____

_____

_____

_____

HERRAMIENTA # 29
División de Hogar

En 2018, Andrew y Simone se convirtieron en unión matrimonial en contra del consejo de sus amigos. Incluso antes de casarse, encontraron mucha oposición. Además, estaban en dos caminos de vida diferentes en términos de metas, orientaciones familiares y deseos espirituales. Simone se graduó en teología con abundante conocimiento de la consejería y su importancia, mientras que Andrew se negó a hacer consejería matrimonial alegando que es una persona privada y no desea tener personas en sus asuntos.

Simone nunca había experimentado una relación amorosa y estaba dispuesta a comprometer sus creencias para asegurar la continuidad en el amor. Se casaron y, después de unos meses, las creencias fundamentales de Simone comenzaron a llamarla, las mismas creencias a las que renunció por amor. Aquí es donde la división comenzó a manifestarse más allá de su capacidad para ocultarla. Dejó el hogar conyugal en pos de su vocación en otro país, que no prosperó a su favor. Sus documentos de viaje le impidieron regresar con su esposo. Ahora divididos físicamente, la fragilidad de la base de su relación hace que sea difícil mantener su hogar unido. Andrew la maldice con frecuencia y la culpa por la ruptura de su unión. Además, a menudo ve a un esposo agresivo e irrespetuoso en exhibición, que, cuando se le pregunta por qué se somete al abuso verbal que le lanzan, responde con: "Yo lo causé, lo merezco". La Biblia advierte que: "una casa dividida contra sí misma no puede subsistir" (Lucas 11:17). La unidad no lograda es la división ganada.

Simone dice que se ha embarcado en rezar y ayunar por medios de reconciliación. Simone afirmó además que es plenamente consciente de que ha lastimado y está lastimando a su esposo. Ella admite que se equivocó al abandonar su hogar conyugal. Ella sabe que Andrew está resentido con ella y su Dios. Dijo que no podrán reconciliarse a menos que haya perdón. Simone ha confesado que necesita no solo recibir el perdón de él, sino también de ella misma. El matrimonio está estancado y nunca podrá lograr nada más hasta que haya perdón.

El perdón es la clave para desbloquear posibilidades futuras. ¿Qué es exactamente el perdón? El perdón es una decisión consciente y deliberada de liberar sentimientos de resentimiento o venganza hacia una persona o grupo que te ha hecho daño, sin importar si realmente merecen tu perdón. Andrew le recuerda cómo dividió el hogar conyugal en cada oportunidad que tiene.

> *Perdona si quiere ser perdonado. La falta de perdón duele.*

Ocasionalmente bloquea sus llamadas y la evita durante días. Él la amenaza con divorciarse y repetidamente le dice que ella es una pérdida de su tiempo y de su vida. Accidentalmente confesó haber tenido una aventura. Sin embargo, Simone lo ha perdonado y continuará perdonándolo mientras sigan separados. Ella no lo culpa por buscar consuelo en los brazos de otra mujer. Ella cree que es su forma de manejar su dolor. Simone también cree que si quiere que él la perdone, debe dar el primer ejemplo. Ella dijo, "lastimar a la gente lastima a otros".

Simone dijo que cree que sus antecedentes han jugado un papel integral en la condición actual de su matrimonio. Se crió viendo a su madre vivir una vida adúltera. Esto resultó en muchas peleas entre sus padres. Sus hermanas se sometieron a relaciones de abuso verbal y físico. Una de sus hermanas ha sido víctima de abuso físico durante muchos años. Le presentó a un chico en los Estados Unidos que la trataba como a una reina. Sin embargo, se negó a abandonar la relación abusiva. Ella piensa que después de haber visto a su padre golpeaba a su madre en numerosas ocasiones, han llegado a aceptar que esta es una norma aceptable. Mientras reflexiona, asocia su disposición a someterse a ser abusada por Andrew para basarse en su cultura. La golpeó físicamente una vez y la amenazó con matarla dos veces. Al igual que su madre y su hermana, Simone, se niega a dejar el matrimonio abusivo.

Casarse fue importante para Andrew. Representaba estabilidad y pertenencia. Sin embargo, esto se hizo añicos y lo ha sumergido en el dolor de su pasado. El padre de Andrew lo rechazó a él y a su hermano. Su madre abandonó la isla y se trasladó a otro territorio. Sufrió el rechazo de los padres. El rechazo resurgió en su vida cuando su esposa dejó su hogar conyugal. A menudo se queja de que ella lo dejó cuando más la necesitaba. La unión entre Andrew y Simone puede clasificarse fácilmente como dos orígenes poco saludables que se lastiman mutuamente.

1. Sus herramientas para llevar para las implementaciones.

a) Nunca comprometa sus creencias para complacer a su pareja.

b) Practique el arte del perdón rápido.

c) Identifique patrones en su matrimonio que vea en su línea familiar y ore en contra de ellos.

2. Tareas.

a) ¿Ha perdonado realmente a su cónyuge por las heridas causadas?

b) ¿Se ha negado a permitir que tu pareja olvide su error? Es hora de perdonar

c) Organice una reunión y discuta sus creencias fundamentales. Explore los que ha comprometido.

d) Discuta extensamente las áreas de división entre ustedes. Perseguir la búsqueda de soluciones que funcionen.

e) Si está casado o planea estarlo, visite sus antecedentes individuales. Ser curado

f) Haga una búsqueda profunda de cómo sus antecedentes han afectado negativamente a su sindicato. Trabaja en arreglarlos.

RECONSTRUCCIÓN MATRIMONIAL

Página del diario

_____

_____

_____

_____

_____

_____

_____

_____

_____

_____

_____

_____

HERRAMIENTA # 30
Confiando en Dios

Sandra dijo que ha estado casada durante 10 años. Comenzó rocoso. Su mundo entero se puso patas arriba. Se volvió suicida, alcohólica y se perdió. Se puso tan mal que no se reconoció a sí misma. Ella dijo: "Nunca he sido la chica que habla sobre el matrimonio. Desde que tengo memoria en la escuela secundaria, cuando los amigos se sentaban y hablaban sobre su futuro, el color de vestido que usarían, con quién se casarían, la combinación de colores e incluso planear destinos de luna de miel". Recuerda haberle dicho a Dios que necesitaba un hijo, solo un hijo y eso fue todo. Creció viendo a sus padres muy miserables y si eso era el matrimonio, no quería tener nada que ver con eso.

Veamos la historia de Sandra:

Me enamoré en la universidad y mi relación universitaria me llevó a una propuesta después de 7 años de citas. Tan sorprendente y repentino como llegó el compromiso, terminó. Solo entonces pensé en casarme. Luego, cuando mis amigos comenzaron a casarse, de repente, cogí la fiebre del matrimonio y quería casarme también. Después de 6 años de noviazgo, me quedé embarazada fuera del matrimonio y como cristiana tenía miedo de ser crucificada por la iglesia, así que le pregunté a mi pareja sobre el matrimonio. Ahí es donde me equivoqué porque debería haber consultado a Dios antes de consultar a mi socio. Dijo que no estaba listo para casarse y que eventualmente se casaría conmigo.

Ore y pídale al Señor que lo guíe para hacer lo correcto. Él sabe todas las cosas.

Estaba desesperado y seguimos adelante de todos modos. En el momento en que dije: "Sí, quiero", el

1 de enero de 2011 fue el día en que firmé para lo que se convirtió en los peores 7 años de mi vida.

En ese momento vivía en las Islas Turcas y Caicos e inmediatamente después de nuestra boda tuve que irme. Llegué a casa embarazada de 7 meses y se desató el infierno. Mi esposo se negó a tener relaciones sexuales conmigo. Se fue temprano y llegó tarde a casa. Tuve un embarazo difícil y recuerdo las muchas llamadas telefónicas y mensajes de texto nocturnos que recibió. Después de dar a luz y someterse a una cirugía mayor de vida o muerte, mi esposo no me prestó atención ni a mí ni al bebé. Tuve depresión posparto, perdí mi autoestima y rápidamente recurrí al alcoholismo.

Nunca tuvo tiempo para mí ni para mi hijo. Cuando se le preguntó por qué, dijo que mi mamá estaba ahí para mí. Entonces, tomé la decisión más difícil en la búsqueda de salvar mi matrimonio.

Permití que mi bebé de 4 meses se mudara con mis padres a otra parroquia. Durante casi tres años solo veía a mi hijo los fines de semana y feriados. Sentí curiosidad porque nada cambió y busqué en su teléfono. Eso me mató. Había fotos de mujeres parcialmente desnudas y mensajes de texto de qué posición y qué quería hacer con estas mujeres. Cuando me enfrentaba, las muchas mentiras que escuchaba eran incontables. Para diciembre, estaba abrumado y quemé cada pieza de su ropa dejando solo la ropa que usó ese día.

Las mentiras continuaron pero decidimos quedarnos por el bien de nuestro hijo. Hubo más discusiones que risas. Me perdí cuando me enojé y comencé a tener pensamientos suicidas. El alcohol se convirtió en desayuno, almuerzo y cena. Las lágrimas fueron mi almohada, con muchas noches de insomnio y baja autoestima. Odiaba la vida, lo odiaba a él. Perdí todos los sentimientos sexuales.

Solo era feliz cuando estábamos bien, lo que casi nunca sucedía. Me di cuenta de que dependía tanto de él para mi propia felicidad. Recé y lloré y lloré y recé. Nunca hemos celebrado un aniversario.

Las noches, los mensajes de texto tardíos y la falta de respeto continuaron año tras año. Mi hijo tenía poco más de dos años cuando decidí que eso era todo. Les dije adiós a todos, incluido mi esposo que respondió..."Gwaaanve a suicidarte Sandra" (ve a suicidarte Sandra)

Tenía mi ganso gris en una mano, cuchillo en la otra y mientras me sentaba en el suelo ese viernes por la tarde, ni siquiera recordaba a mi hijo de 2 años durmiendo en la cama. Recuerdo que intenté cortarme la muñeca, pero no fue así. Mientras estaba sentada con ganas de morir pero no morir, mi bebé vino y me abrazó y a los 2 años susurró, "todo estará bien mami". En ese momento supe que necesitaba vivir.

Me levanté y abracé a mi bebé, recé y me quedé. A pesar de todo, tuve a mi papá; era mi hombro, mi mejor amigo. Se culpó a sí mismo por dar mi mano en matrimonio. Mi hermana estaba furiosa porque no podía soportar ver cuánto me dolía y lo mal que me trataban. Había días en que se iba temprano y yo tenía que vender mi ropa para comprar comida y cereales para mi hijo. Fue entonces cuando comencé un negocio, tomé préstamos sobre préstamos para sobrevivir. Probé diferentes formas de apresurarme para sobrevivir. Estaríamos en malicia durante semanas. Mi hijo decidió que quería volver a casa desde la casa de mi mamá y eso empeoró las cosas. Mi esposo llegaba a casa a las 2 de la mañana o incluso más tarde, mi hombrecito todavía intentaba esperarlo pero no podía. Salía temprano en las mañanas y mi hijo cuestionaba todas estas cosas. Sabía que tenía que irme... huir. Si estaba enferma, él no estaba allí, simplemente nunca estuvo allí.

Un fin de semana, recuerdo que estábamos en casa y su teléfono empezó a sonar a las 6 de la mañana. Alrededor de las 2 de la tarde, le advertí que se detuviera y juró que eran sus compañeros masculinos. Ese mismo domingo viajé solo para llevar a mi hijo con mi mamá. Al regresar a casa, estaba abajo, así que subí a dejar las maletas. El teléfono seguía sonando... dicen que la curiosidad mató al gato... y casi muero por lo que vi cuando miré. Mi corazón casi se salió de mi pecho, pero traté de mantenerme fuerte hasta que él subió. Cuando lo hizo, lo atraganté, lo abracé y le di una bofetada en la cara. Estaba asustado como siempre decía que yo era pura charla oral y todo lo que hice fue llorar, llorar y llorar.

En ese momento, supe que definitivamente era hora de irme. Me miré al espejo y no reconocí a quién veía. Estaba lleno de rabia, ira y odio. Tuve momentos en los que solo quería arrancarme el pelo; Sentí que me iba a volver loco. Empezó a dormir con un picahielos debajo de la almohada y estaba muerto o muerto. Sus propios amigos incluso lo abandonaron por la forma en que nos trató a mí y a nuestro hijo. En 2016, me fui con mi hijo al Medio Oriente.

Lo único que me hizo seguir adelante fue que nunca dejé de orar. Tenía una iglesia que oraba y un padre que oraba. Dios me guardó y me dio un ángel en la forma de mi hijo. Él me decía al azar: mi cabello es lindo, mis ojos son hermosos, etc. Las mismas palabras que quería escuchar desesperadamente de su padre.

Después de pasar un año en el Medio Oriente con los esfuerzos de llevarlo allí conmigo, pensando que si él estaba lejos de estas víboras, nuestro matrimonio podría funcionar, nunca lo logró. Tomé la decisión de acercarme un poco más a casa en una isla diferente. Se suponía que él también haría el viaje, pero siempre estaba su precioso trabajo. Decidí en 2017 que esto era todo y comencé a investigar los procedimientos de divorcio. Fue horrible... Me abusó verbalmente (dijo todo tipo de cosas) hasta el punto de decir que yo era como mi madre. Una vez más sentí que me estaba volviendo loco. Luego me presentaron a los grupos de Esposas sin diluir y Estudio bíblico de siguiente nivel. Encontré a Dios y al encontrar a Dios me encontré a mí. Aprendí a amarme incondicionalmente y aprendí a encontrar mi felicidad. Aprendí que todos estos años le había estado haciendo a Dios las preguntas equivocadas.

Le estaba pidiendo que cambiara a mi esposo y que hiciera que mi matrimonio funcionara. La verdad es que nunca busqué Su permiso en primer lugar para casarme con este hombre. Me enteré de que muchas esposas estaban pasando por cosas peores pero estaban luchando por sus matrimonios. Aprendí lo que realmente es / era un matrimonio. Hasta el año pasado (2020) fui inflexible en lo que se refiere a divorciarme, pero Dios habló... Aprendí a perdonar a mi esposo y a orar por su alma. Aprendí a confiar completamente en Dios.

Dios dijo que ha restaurado mi matrimonio. Todavía no siento el amor ni nada, pero confío en Dios. No es mi voluntad, sino la Suya, que se haga en mi vida. Me entregué de todo corazón y mientras espero sigo sirviendo con todo mi corazón. Mi mente tieneha sido renovado. El Curso de Renovación Mental por el Rev. Leostone Morrison realmente ha transformado mi vida y mi pensamiento. Todavía pueden salir cosas hermosas de mis grietas. Los intermedios son difíciles, pero es en eso que nace ese propósito. He aprendido a poner a Dios en el centro de todo. Aprendí a escuchar la voz de Dios. He aprendido que no somos perfectos, todos cometemos errores. Mirando hacia atrás en mi matrimonio, veo dónde me he equivocado. Yo no era la mujer del proverbio 31. Pude admitir dónde me equivoqué. Ahora puedo ver que Dios está obrando en mi esposo. Nunca se ha disculpado por lo que ha hecho; de hecho, siempre negó haber hecho nada. Confesó y pidió perdón. Sigo sin sentir nada por él... excepto Dios. No es mi voluntad, sino la tuya.

Hoy me concentro en Dios, conociéndolo más. Hablo vida y hablo la palabra de Dios sobre mi vida y observo pacientemente cómo Él perfecciona todo lo que me concierne. Soy renovado por el poder transformador del Espíritu Santo.

1. Sus herramientas para llevar para las implementaciones.

a) Nunca se case por razones equivocadas. Busque a Dios primero.

b) Aprenda a admitir cuando se equivoca.

c) Haga de Dios la cabeza de su matrimonio. Búscalo en todo, grande y pequeño.

2. Tareas.

a) Si fuera Sandra, ¿qué hubieras hecho diferente?

b) Confíe en Dios cuando no tenga ningún sentido.

Página del diario

_____

_____

_____

_____

_____

_____

_____

_____

_____

_____

_____

_____

CONCLUSIÓN

Estar casado es una aventura piadosa y saludable, pero está llena de muchos altibajos, aventuras y recuerdos increíbles. Como cualquier pacto, el matrimonio se someterá a una dura prueba. El matrimonio no es algo que deba celebrarse a la ligera, ya que debe ser un vínculo eterno. Es una prueba de resistencia. Las declaraciones ante Dios y la congregación de: "... para bien o para mal, más rico o más pobre, enfermedad y salud..." ¡son serias!

El nombre del libro no es una coincidencia. Tiene sus raíces en la necesidad de modificar la forma en que se aborda y se mantiene el matrimonio. Los desafíos que enfrentan los sindicatos variarán en tipo y resultados. Todo matrimonio tendrá fortalezas y debilidades. La frase es cierta: "... unidos estamos y divididos caemos". Por lo tanto, es imperativo que los socios se aseguren de que el esfuerzo en equipo nunca sustituya al individualismo.

Un buen matrimonio puede resistir los momentos en que ambas partes trabajan para mejorar las cosas. Somos los que más nos ponen a prueba cuando enfrentamos adversidades. Si su matrimonio puede navegar a través de estas adversidades como un equipo, entonces la mitad de la batalla se habría ganado. El matrimonio sigue siendo honorable ante Dios. ¡Y sí, su matrimonio puede triunfar!

SOBRE EL AUTOR

El reverendo Leostone Peron Morrison, nacido en Jamaica, es el autor del libro Renovación de la mente: secretos bíblicos para una mejor vida y la serie devocional de renovación de la mente en tres partes. Se ha desempeñado como pastor asistente y consejero de orientación en el Ministerio de Educación de Jamaica. Actualmente, es un oficial de libertad condicional en StKitts y Nevis.

167

El Rev. Morrison es el fundador de Restoration of theBreachWithout Borders, de la cual, Restoration of theBreachSchool, alojada en la plataforma Thinkific, es una subsidiaria. Él es el fundador de NextLevelLet'sClimbBibleStudyMinistry. La limpieza del baño fue su primera asignación ministerial.

Es egresado del Seminario Teológico de Jamaica y tiene una licenciatura en Teología, con especialización en Orientación y Consejería. Obtuvo un diploma en Principios Bíblicos de VictoryBibleSchool y un certificado de la International AcceleratedMissionsSchool (IAMS). El Rev. Morrison está casado y tiene cuatro hijos y una hija.

NOTA: Para comentarios, consultas o charlas, comuníquese con el Rev. Morrison en restorativeauthor@gmail.com. Envíe una reseña en Amazon o en la plataforma donde compró este libro. Gracias.

www.ingramcontent.com/pod-product-compliance
Lightning Source LLC
La Vergne TN
LVHW051234080426
835513LV00016B/1580